JN439143

방황의 노래

생일에 모인 나의 5남매 내외

문종환文宗煥

1938년 1월 31일생
경기도 양평군 옥천면 신복리 24번지 출생
1958년 3월 휘문중고등학교 졸업
1964년 3월 연세대 상경대학 상학과 졸업
1964년 3월 삼호무역주식회사 입사
1967년 동진공업사대표
1975년 선일무역주식회사 대표이사
2010년 효봉무역주식회사 대표이사 역임

현) 한국문인협회, 국제펜한국본부 회원
노원문인협회 고문, 한맥문학작가회 이사, 계간문예작가회 이사

현주소: 서울 노원구 상계로 108 (상계2동)

저서著書

제1시집: ≪인생의 주름에 접혀진 꽃잎들≫(318편)

제2시집: ≪지족知足≫(시339편)

제3시집: ≪어머님의 창과 시속에 잠재운 아내와 나의 시골농장≫(시335편)

제4시집: ≪방황彷徨의 노래≫(시273편)

제5시집: ≪화안한 웃음≫(시268편)

제6시집: ≪좌절의 길목마다 심어준 시詩의 꽃씨들≫(시276편)

수필집: ≪인연이 꽃피는 나무들≫(수필43편)

족보: 남평문씨 헌납공파 휘응태계세보南平文氏獻納公派諱應台系世譜

수상受賞

고교2년 전국 학도호국단 주최 시부문 고등부 1등 당선 문교부장관상

노원문학상, 계간문예작가상

표지삽화: 스카이 미술학원 원장 문희준

노원상계로108 효봉빌딩 4층

계간문예시인선_147

방황의 노래

문종환 제4시집

계간문예

| 서문序文 |

1년 반 만에 또 나의 제4, 5, 6시집 3권을 한꺼번에 출간 준비를 마무리 하게 되었다. 시와 함께한 9년째 되던 해인 지난 2006년 6월에 첫 시집 ≪인생의 주름에 접혀진 꽃잎들≫을 출간하고 나서 그 후 만11년 되는 작년 2017년 8월에 제2시집≪지족≫, 제3시집≪어머님의 창과 아내와 나의 시골농장≫과 수필집 ≪인연이 꽃피는 나무들≫ 3권을 한꺼번에 출간하고 이제 나이도 많이 들고 하여 그걸로 만족하고 시와의 결별을 작심 했는데 또 이렇게 일 년 반 만에 시집 3권의 출판 준비를 완료하고 보니 나 또한 스스로 놀랄 수밖에 없다. 첫 시집과 제2,제3 시집 3권은 20년이나 걸려 출판했는데 이번에는 어떻게 거의 같은 분량의 새로운 시집 3권을 그 짧은 기간에 출판 준비를 완료 했는가 하고 나 자신도 믿기지 않기 때문이다.

이 시들은 다름 아닌 나의 서재 책장 속에서 내가 써 놓고도 까맣게 잊고 있던 시들이었는데 작년 연말 서너 곳에서 거절할 수 없는 원고 청탁이 들어와 가뜩이나 출판된 책들을 친지들에게 나누어 주느라 기진맥진 한 터라 새로 쓸 기력은 없고 하여 혹시나 하고 찾아 본 책장 속의 지난 일기장과 시작 노트들에서 발견된 것들이다.

시들에 대해 미안한 생각과 측은한 마음으로 읽어보기 시작했다. 그 시들도 내가 이미 출판한 다른 시들처럼 별로 잘나지도 못나지도 않은 나를 닮은 그런 얼굴들이었다. 그러나 그냥 둘 수 없어 작년 1월 1일부터 선정, 편집, 수정작업에 돌입하여 드디어 제4시집 273편, 제5시집 268편, 제6시집 276편으로 나누어 마무리 짓게 된 것이다.

환갑 나이 들던 해 젊어서부터 매달려오던 섬유수출 외길에서 벗어나

고교시절 좋아하던 시를 다시 만나 함께 살아온 21년 동안 시는 나에게 순간적인 설렘과 기쁨을 안겨주었지만 시를 찾아 헤매는 방황과 좌절의 연속이기도 했다. 이제는 나로 하여금 원래 시의정체正體란 불만족不滿足과 미완성未完成 그 자체로구나 하는 결론을 내리게까지 했다. 그런 차에 내 시의 여신女神은 그간의 좌절과 방황의 길목마다 시詩의 꽃씨를 심어주었다는 사실을 확인케 해주어 이제 나이 많이 들어 결별하려는 나를 기쁘게 해주었다.

지난 1년 반 동안은 내 평생 처음 몰두해 본 무리한 작업이었다. 과로로 병원 신세까지 져야 했다. 아내와 자식들은 시詩가 도대체 뭐기에 그리 열중해 몸까지 상해야 하느냐고 걱정에 걱정을 해주었지만 막무가내로 강행을 고집한 이유는 가뜩이나 나이 많아 깜빡깜빡하는 머리가 더 심해지기 전에 책장 속에서 잠들어 있던 나의 시들에게 햇볕이라도 쏘여주려는 애틋한 마음이 강렬했기 때문에서였다. 하지만 다른 한편으로는 그 짧은 기간에 나는 지금보다는 젊었던 지난 20여 년 세월을 다시 한 번 거슬러갔다 되돌아오면서 만나 본 내 시와 삶의 흔적들이 그만큼의 삶의 연장이라도 해 준 듯 뿌듯한 행복감을 주기도 하여 그간 그리도 모질게도 긴 방황과 좌절의 고통을 주어 원망스럽기만 하던 내 시의 여신에게 이제는 마음속 깊이 고마움을 느끼고 있다.

나의 제4시집 ≪방황彷徨의 노래≫를 나의 건강을 걱정해준 아내와 자식들에게 주고자 한다.

2019년 11월

노원상계로 108 우거寓居에서

문종환

| 서시序詩 |

나도 흘러가지요

하늘 바람 구름 노을만 흘러가나요
나도 흘러가지요

나무 산새 호수만 흘러가나요
나도 흘러가지요

장미꽃 나팔꽃 국화꽃만 흘러가나요
나도 흘러가지요

이 세상 흘러가지 않는 게 어디 있나요
나도 들숨날숨으로 흘러가지요

| 차례 |

제1부 방황의 노래

제2부 산사山寺의 종이 울리면

제3부 꽃 속 밭갈이

제4부 불암산이여

제5부 어린이보다 더 착한 어른 계시면

제6부 나도 흘러가지요

제1부

방황의 노래

방황의 노래 (1)

임이여 어디 계십니까
회갑 나이 되던 해부터
그대 찾아 헤매고 있습니다만
아직도 임에게로 가는 길조차 발견 못하고
오늘도 임 그리며 방황하고 있습니다

지나온 나의 인생 주름 속에 접혀있는 꽃잎 속으로
바람처럼 스쳐간 강과 산 그리고 바다로
나를 둘러싼 저 우주와 하늘 그리고 달과 별
부모자식들과 친척과 이웃과의 삶의 현장
오늘도 임 그리며 찾아 헤매고 있습니다

임이여, 길 있는 곳에 계십니까
길 없는 방황 속에 계십니까
너무나 크신 몸이라
내가 바라볼 수 없는 곳에 계십니까

방황의 노래 (2)

그대여 어찌 그리 냉정하신가요
나이 많이 들어서야 찾아온 내가
그리도 미운가요

고교시절 좋아하던 그대 떨쳐버리고
환갑 나이 되어서야 찾아왔다 해서
그대 모습 숨겨 보여주기조차 않는가요

긴 세월 사업한답시고
쓰러졌다 일어났다 울다 웃다 하다가
이제야 찾아온 내가 그리도 야속한가요

그대여, 이제 이 나이 들어서야
철들어 찾아왔다 여겨주시고
그만 노여움 푸시고
모든 욕심 미련없이 버리고
그대와의 제2인생길로 접어든 나를 품어주소서

방황의 노래 (3)

오늘도 임 찾아 종교와 철학 사이
주제 넘는 이념 오르내리며

이승과 저승의 길목
허공과 허공을 헤매다 지쳐
눈 쌓인 건너편 소나무 하늘만 멍하니 바라봅니다

눈 뜨지만 말고 열라 하심은
꽃 속으로 들어가라는 말씀인가요
귀 듣지만 말고 열라 하심은
새소리 속 뜻 알아내란 말씀인가요
마음 집착 말고 열라 하심은
지혜 향한 고통 감수하란 말씀인가요

임이여 그곳에 계시다면
그대에게로 가는 그 길 열어주소서

방황의 노래 (4)

그대여, 그대는 어디 계신가요
주변을 아무리 찾아 헤매도 만나볼 수 없습니다

혹시나 하고 시인의 원조라는
저 원시시대 주술가 주변도 기웃거려 보고
중국 공자님의 시경으로부터
목숨 건진 조식의 칠보시와
한 말 술에 시 백수를 지었다는 이태백도 만나보고
혹시나 눈에 보이지 않는
초월의 나라에 계신가 하고
보들레르와 말라르메의 시세계도 들추어보고

산사의 종소리 타고 큰스님과
삼천대천세계도 둘러보고
울긋불긋 춤추는 무녀들에게
그대 행방 점괘도 쳐봅니다
하지만 그대여
그대는 참모습은 보여주지 않고
책상 위에는 허접스런 휴지조각들만 쌓였습니다

방황의 노래 (5)

임의 모습 찾으려 헤맸습니다
산에 계실까 산자락부터 계곡을 거쳐 산 정상까지 올랐습니다
강에 계실까 강물 속 산등성이 나르는 황새도 들여다 보았습니다
바다에 계실까 해돋이 수평선으로 사라지는 갈매기도 보았습니다
하늘에 계실까 혹은 땅에 계실까하여 발이 닳도록 찾아 헤맸습니다
하지만 임의 모습, 그 어느 곳에서도 찾을 수가 없었습니다

임의 소리라도 들으려 헤맸습니다
산에서 우는 꾀꼬리며 뻐꾸기 산새소리며
강물 흘러 바다로 합류하는 여울물 소리며
어린 시절 미역 감던 고향 개울 폭포 소리며
바닷가 절벽 파고드는 파돗소리며
하지만 임의 소리 그 어느 곳에서도 들을 수 없었습니다

임의 향기 맡으러 헤맸습니다
아침이슬 머금은 붉은 정열의 장미밭에도 가보고
산기슭 양지 바른 곳 예저기 소복한 황국도 찾아보고
고고한 꽃대 위 난초꽃들과도 함께 지내보고
갯벌에 나가 불어오는 해풍도 맞아보았습니다

하지만 임의 향기는 그 어느 곳에서도 찾을 수 없었습니다

임이시여
임은 도대체 어디에 계십니까
임의 모습은 보이지 않는 다른 세상에 계신 것이옵니까
임의 소리는 들을 수 없는 다른 세상에 계신 것이옵니까
임의 향기는 맡을 수 없는 다른 세상에 계신 것이옵니까

방황의 노래 (6)

그대 찾아 어린 시절 떠나온 고향
그 험한 농다치고개도 찾았습니다
내 고향집 저 아래 낙엽송 사이로
가물가물 내려다보이고
그 옛날 백모님 어머님 방아 찧던
디딜방앗간도 보입니다

어머님
아랫집 당숙잔치 집에 가실 때 신겨 주신
그 꽃버선도 고향집 하늘에 걸려있습니다
고향집 앞마당 대추나무에서는
요란한 매미소리가 꿀벌 날개소리와 어울려
고향 하늘 덮고 있습니다

하지만 그대여 고향에 오면
그대 참모습 보여주실 줄 알았건만
오늘도 냉정하게 보여주시지 않습니다

방황의 노래 (7)

그대 찾아 지금은 갈래야 갈 수 없는
이북 땅 청진 동해 바닷가로도 가보았습니다

아버지 직장 휴일이면 바닷가에 따라나서
아버지는 바닷가 바위에서 미역 따시고
누나와 모래사장에서 뛰놀던 그곳

지금도 눈에 선합니다
누나와 만들어 목에 걸며 놀던 해당화 열매 목걸이
푸르른 바다 수평선에 유유히 날아가던 갈매기들

하지만 그대여 어찌
추억 속 내 그리운 이 유년시절에도
다정한 그대 긍정의 눈길 한 번 안 주시는가요

방황의 노래 (8)

오늘은 그대 참 모습 찾아
추억의 강변집 낚시터로 갑니다
강변집 뒤로는
기찻길 산자락 따라 나있고
앞으로는 남한강물이 그림처럼 흘러갑니다

집은 황토집 오래된 집이라
뒷산자락 기차가 지나갈 때면
벽에서는 흙먼지 떨어지기도 합니다
낚시터는 강변 옥수수밭 지나
옥천수와 만나는 샛강이지요

봉당에는 모닥불 피우는 돌더미와 빙 둘러 돌식탁
날밤 새며 선적 끝낸 직원들 술잔 나누며 노래하며
모든 피로 강물에 띄워 보내던 곳
하지만 그대여
냉정한 그대는 이곳 강변집에서조차
따스한 눈길 한 번도 주지 않습니다

방황의 노래 (9)

오늘은 그대 찾으려
이삼 일에 한번 내려와 농사짓는
내 고향에서 멀지않은 농장으로 내려왔습니다
이곳 조그만 농막에서 내려다보면
지금은 4차선 국도로 변한 먼발치 강변집터 보이고
강변집 감아 돌던 남한강물은 오늘도 여전합니다

저 강변집터 뒷산 비탈 밭 바라다보면
밭곡식과 채소 기르시면서 우리 내외에게
농사짓는 법 가르쳐주신 부모님 생각납니다
호미로 콩밭 김매실 때 뒷산에서 새들이 울면
서울토박이 며느리에게 저건 꾀꼬리 저건 뻐꾸기
일일이 가르쳐주시던 어머니 생각납니다

지금처럼 이렇게 이 농막에 앉아 쉬면서 둘러보면
남쪽으로는 과수원 꽃피며 자라는 소리 들리고
동쪽으로는 밭곡식들 자라는 소리도 들린답니다
그대여, 이곳 농장에도 나타나주지 않으시렵니까
도대체 그대의 참모습은 어디에 숨어 계신가요

방황의 노래 (10)

임이여, 먹구름 밀려옵니다
가슴은 답답하고 초조합니다

내 무능함을 탓하며 그대 멀어져간 밤하늘
비바람 몰아쳐 얼굴 때립니다

임이여, 이 가슴속 먹구름
하늘의 구름처럼 벗겨질 날 있을까요

이 가슴속 초조함도
바다의 파도처럼 잔잔해질 날 있을까요

이 가슴속 좌절감도
더 향기로운 꽃으로 피어날 날 있을까요

방황의 노래 (11)

그대 아름다운 참 모습
찾아 헤매다 지쳤습니다
거울에 얼굴 비추어보니
슬픔과 좌절 가득합니다

이제 그대 찾기를 포기했습니다
그대 향한 모든 욕심과 번뇌를
떨쳐버렸습니다
집 옥상으로 올라갔습니다
구름 한 점 없는 밤하늘에
둥근 달님 떠 있습니다

일그러진 내 모습 하도 측은한지
둥근 달님 텅 비운 내 마음 들어와
말해줍니다
모든 욕심과 집착 버리니
이제야 임 들어설 빈자리
조금은 생기겠다고 말해줍니다

방황의 노래 (12)

텅 빈 내 마음 속 들어온 달님
어찌 이리도 내 마음
편하게 해 주는가요

이제야 깨달았습니다
그 긴 세월 찾아 헤매던 그대 모습
달님처럼 바로 내 맘 속에 있었다는 걸

가득 메운 욕심들에 가려 안 보였을 뿐
찾아 헤매던 그대 참 모습 내 맘 속 구석
아로새겨져 있었다는 걸

임의 노래에는 (1)

임의 노래에는
유년 시절 어머님 신겨주신 꽃버선의 가락도
아련히 흐르고 있습니다

산으로 둘러싸여 하늘도 동그란 고향 산비탈
무성한 잡초들 호미로 제치고 내일을 심으신
어머님의 하얀 메밀꽃 음률이 흐르고 있습니다

임의 노래에는
삶의 희로애락이 함께 춤추며
흐르고 있습니다

우산 속에서의 통곡과 강물 속에 뿌린 눈물방울
새벽장터 성에 낀 유리창안의 막걸리 설음
그리고 재기의 첫날 펑펑 내리던 서설

임의 노래에는
화려하지도 초라하지도 않은 오늘의 노랫가락도
가득 차 흐르고 있습니다

임의 노래에는 (2)

임의 노래에는
진실 된 꽃송이만 피우게 하십니다
꼬리에 꼬리를 감추는 그런 언어들은
단연 언짢은 미소로 사양하십니다

임의 노래에는
남의 마음까지 혼란시키는 그런 언어는
저 죽음의 검은 바다로 사라지게 하시고
아름다운 언어의 열매만 맺게 하십니다

임의 노래에는
겉 향기와 속 다른 그런 언어는
단연코 무서운 눈빛으로 거부하십니다

임의 노래에는 (3)

임의 노래에는
새들의 둥지도 틀게 하십니다
나 새가 되어 그 둥지에 들어가

그대 슬플 때는 슬픈 노래
그대 기쁠 때는 기쁜 노래
나 그대 슬픔과 기쁨 노래 부르게 하십니다

임의 노래에는
폭포에 걸린 무지개를 띄우십니다
나 폭포 되어 그대 무지개 위에서

그대 슬플 때는 푸른 건반 두드리고
그대 기쁠 때는 연두색 건반 두드려
나 그대 기쁨과 슬픔 노래 부르게 하십니다

임의 노래에는 (4)

임의 노래에는
아가의 웃음소리 담아주십니다
한 점의 티도 없는 해맑은 웃음소리 담아주십니다

아가의 웃음소리는 임의 노래에 밝은 달을 띄워주지요
아가의 웃음소리는 임의 노래에 환희의 꽃 피워주지요
아가의 웃음소리는 임의 노래에 오색무지개 실어주지요

임의 노래에는 (5)

임의 노래에는
자그마한 연못을 담아주십니다
산골짜기 돌 틈에서 솟아 내려오는 샘물 담아
연꽃 피면 임의 노래에 연꽃 무늬 띄워주시지요

임의 노래에는
연못가 흰 찔레꽃 피면 어머님 그리움 연못에 띄워주시고
낙엽진 후 빨갛게 익은 감들 노래도 연못물에 띄워주시고
밤새 우는 소쩍새 소리 사연도 연못물에 띄워주시지요

임의 노래에는 (6)

임의 노래에는
소나무의 늘 푸른 기상을 담아주십니다
모진 바람에도 유유히 불어대는 소나무의
휘파람 담아주십니다

임의 노래에는
송홧가루 날려 어린 시절 향수도 불러주시고요
흰 눈도 녹여 내리는 푸른 기력 담아주시고요
낙엽 슬픔이란 모르는 푸른 노래만 담아주시지요

임의 노래에는 (7)

임의 노래에는 슬픔과 기쁨 모두
아침 숲속에서 우는 새소리들처럼
구별 없이 하나로 기쁨만 들리게 하십니다

임의 노래에는 사랑과 미움도 모두
아침 강여울 물결소리처럼
구별 없이 하나로 사랑만 들리게 하십니다

임의 노래에는 과거도 미래도 모두
아침 저 들녘의 들꽃들처럼
구별 없이 하나로 설렘만 들리게 하십니다

임의 노래에는 (8)

임의 노래에는
지구촌 한가족 되어 함께 춤추며 놀다가도
잠들 때면 내 나라 내 집으로 돌아오는 노래하십니다

임의 노래에는
물질풍요로 배고픔 모르고 산다는 것 복 받은 일이지만
인륜도덕 위에 물질만능풍조 군림 못하게 노래하십니다

임의 노래에는
고도의 기계화로 인간들 편리하게 된 건 좋은 일이지만
자연과 함께 조화 이루어 지구 병들지 않는 노래하십니다

임의 노래에는
종교와 이념분쟁이 전쟁과 기아 못 일으키게 하시고
세계평화와 인류의 균형 잡힌 행복의 삶 노래하십니다

아! 그러나 임의 노래에는
무엇보다도 이 나라 하나로 통일되어
온 국민들 통일만세 부르며 강강술래 춤추는 노래하십니다

사랑으로의 여행 (1)

이 우주의 가장 위대한 사랑이여
사랑 없으면 이 우주의 삼라만상
어이 존재 할 수 있나요
우주의 나이 일백 오십억 년 전이라던가
그 전에는 별과 은하수 없었다든가
빅뱅이라든가 그런 건 모르지만

인간이 인간을 사랑하고
인간이 자연을 사랑하고
자연이 인간을 사랑하고
자연이 자연을 사랑하고
태양은 태양계 은하계는 은하계끼리
하늘은 또 지구를 둘러 싸
모두를 하나로 묶어 사랑케 하는
우주의 섭리를 찬양코자 합니다

사랑이여, 나 이제 그대 찾아 떠나고자 하오니
그대 찾아가는 길과 문은 어디인지
인도하여 주소서

사랑으로의 여행 (2)

아름다운 사랑이여
그대는 그 눈부신 아름다움을 어떻게 탄생시키셨나요
푸른 초원에서 숨 쉬는 새벽이슬의 영롱함에서인가요
분홍 벚꽃 속 아른거리는 연인의 그림자에서인가요

저 장미밭의 꽃 몽우리 터지는 찰나의 몸짓에서인가요
밤이슬 아침햇살에 날려 보낸 고고한 목련꽃에서인가요
소낙비에 씻긴 발그스레한 아침 복사 뺨에서인가요
눈꽃 휘어지게 이고 서 있는 소나무의 인고에서인가요

아니면 그대 사랑은 눈에 보이는 게 아니라
눈에 보이지 않는 저 피안의 세계에서입니까

사랑으로의 여행 (3)

사랑이여 아름다운 사랑이여
그대는 다정한 미소를 타고 오십니다
촉촉한 눈빛으로 바라보는
아내의 잔잔한 미소를 타고 오십니다
주시는 사랑 끝도 없으신
어머님의 자애로운 미소를 타고 오십니다
숲속 요정처럼 신비로운
아가의 천사 같은 눈빛으로 오십니다
어둔 밤 말끔히 벗겨주시고 떠오른
해맑은 해님의 미소로 오십니다

해님 서산으로 질 때
붉은 노을로 작별하는 구름의 인사로 오십니다
육지로에서 온 온갖 오염 거르느라
파도치는 저 바다로부터 오십니다
과수원의 매실 꽃들
더불어 나누는 하얀 미소를 타고 오십니다
사랑이여, 그대는 눈에 보이지 않는
저 피안의 미소를 타고도 오십니까

사랑으로의 여행 (4)

사랑이여 그대 미소는
저 모나리자의 신비로움인 줄 알았는데
내 다정하신 어머님의 미소였습니다

사랑이여 그대 미소는
저 의상의 선묘를 향한 사모인 줄 알았는데
내 아내의 평범한 일상 속 미소였습니다

사랑이여 그대 미소는
고구려벽화 여인의 빛바랜 한숨인 줄 알았는데
이 세상 모든 것을 포용하시는 미소였습니다

아! 그대 미소는
거울 속 투박한 내 입술 언저리에서도
조용히 감돌고 있습니다

사랑으로의 여행 (5)

사랑이여, 그대의 그 아름다운 소리를
어느 소리로 부터 시초 되어오셨습니까

검버섯 얼굴 가득한 큰스님의 법문소리에서입니까
삼천대천세계 휘돌아온 산사의 범종소리에서입니까
아침 들과 산에 울려 퍼지는 산새들 소리에서입니까

산 너머 구름 밀며 갈대숲 스치는 바람소리에서입니까
들녘 덤불에 하얗게 떨어지는 찔레꽃소리에서입니까
잔잔한 호수에서 반짝이는 잔물결소리에서입니까

사랑이여 그대는
들리는 소리에서가 아니라
들리지 않는 피안에서의 소리에서 비롯된 것이옵니까

사랑으로의 여행 (6)

사랑이여, 그대는
저 고요한 산사 처마 밑 풍경 속에 드시면
풍경소리 되시고
저 뒷산에 오르시어 산새들과 함께 계시면
산새소리 되시고
저 종각에 드시면
하늘 오르는 선녀들의 비파소리 되시고

사랑이여, 그대는
저 계곡에 오르시면
맑고 푸른 물소리 되시고
저 소나무 숲에 가시면
송홧가루 날리는 솔바람 소리 되시고
이 밤처럼 잠 못 드는 밤에는
소쩍새 되어 밤새 울어주십니까

사랑으로의 여행 (7)

사랑이여, 그대의 향기는
저 들판과 산자락에 피어난 노란 황국물결에서인가요
저 드넓은 밭의 장미꽃송이로부터의 향기에서인가요
저 산속 우거진 나무들 뿜어내는 향기에서인가요
옛 조상님 남겨주신 일필휘지의 묵향에서인가요

그렇지 않으면 그대여
그대는 맡을 수 있는 향기가 아니라
맡을 수 없는 피안의 세계로부터인가요
그대여 그렇다면 그곳으로 인도하여 주소서

사랑으로의 여행 (8)

사랑이여, 그대 향기는
저 불타는 정렬의 붉은 장미 진액으로 알고
가시에 찔려 피 흘리면서 마셔보았지만
그것은 아니었습니다

사랑이여, 그대 향기는
저 들판의 들국화처럼 소박한 손길인 줄 알고
순정을 꿈꾸며 찾아 헤매었으나
그것은 아니었습니다

사랑이여, 그대 향기는
저 초등학교 교정의 코스모스 연정인 줄 알고
비가 오나 눈이오나 골목길에서 기다렸으나
그것은 아니었습니다

사랑이여, 그대 향기는 피카소의 연인처럼
해부된 가느다란 눈빛인 줄 알고
오랜 세월 매달려 원상복구 했지만
그것은 아니었습니다

사랑이여, 그대 향기는
향기 없는 향기로 하도 높은 곳에 계시어
모두의 마음이 문을 열 때에서야
주시는 향기임을 깨달았습니다

사랑으로의 여행 (9)

사랑이여 언어가 없다면
그대의 아름다음을 어찌 표현할 수 있겠나요

들어 보이신 꽃송이를 보시고도 이심전심으로 깨달으신
저 가섭존자처럼 마음의 빛으로 나타내실 건가요

아가 몸짓만 보아도 배고픈 걸 아시고 젖 물려주시는
저 엄마들처럼 모성애의 눈빛으로 나타내실 건가요

갈라진 들판의 논밭을 내려다보고 단비 내려주시는
저 하늘처럼 자비의 눈빛으로 나타내실 건가요

서로 만나 한평생 함께하기로 약속하고 입맞춤하는
저 청춘남녀처럼 자연의 섭리대로 내버려 두실 건가요

사랑으로의 여행 (10)

사랑이여 그대는
지난날 미운 얼굴들도
그리운 얼굴들로 바꿔주셨습니다

좌절로 긴 세월
일그러졌던 거울 속 내 얼굴도
평온한 그대 얼굴로 바꿔주셨습니다

비록 계속된 미완성의 꽃들이지만
좌절 뒤 핀 소소한 나의 꽃들에게도
그대 향기를 불어넣어 주셨습니다

사랑으로의 여행 (11)

사랑이여
그대의 손길은 너무나 따스합니다
그대의 감촉은 너무나 황홀합니다

그대는 어머님의 산통 끝에 아가를 태어나게 합니다
그대는 나에게 아내와 손잡고 산책하는 행복을 줍니다
그대는 내 아가의 뺨에 뽀뽀를 하는 기쁨을 줍니다
그대는 친구들과 악수케 하여 우정을 돈독케 합니다

그대는 천덕꾸러기 된 비둘기들 부리로 서로 애무케 합니다
그대는 구름도 산정상과 서로 감싸주며 쉬어가게 합니다
그대는 드높은 하늘도 내려와 산을 감싸게 합니다
그대는 지상의 모든 동식물들 살 맞대고 살게 합니다

그대여
그대의 손길은 너무나 따스합니다
그대의 감촉은 너무나 황홀합니다

사랑으로의 여행 (12)

사랑이여
그대의 키는 얼마큼이나 높은가요
그대는 태양 속으로 들어가 우주의 낮을 살찌게 하시고
그대는 달 속에 들어가 우주의 밤을 밝혀주시고
그대는 별 속으로 들어가 우주의 공간을 빛내주시고
그대는 별 중 하나인 지구에서 꿈틀대는 생물체 지켜주시고

사랑이여
그대의 키는 얼마만큼이나 크고 높기에
측량조차 할 수 없는가요

사랑으로의 여행 (13)

사랑이여,
그대의 은혜로운 손길은
저 깊은 바다 속에도 미치지 않는 곳 없으실 터

사랑이여, 그대는
이 육지보다 더 넓은 바다 속
그 신비로운 모든 생명체 키워주심 알고 있나이다

사랑이여, 그대는
그곳에서도 선과 악의 구별을 명확히 하시고
깨달음의 진리도 터득케 하시겠지요

사랑이여, 그대의 깊이는
바다 밑바닥에서 얼마나 더 내려가야
닿을 수 있는 것입니까

사랑으로의 여행 (14)

사랑이여
그대는 때로는 사랑의 회초리도 드십니다
철부지 인간들에게 고통도 주고 극복케 하시여
새로운 깨달음의 세계를 주십니다

그대는 부처님으로 하여금 고행 하게 하시어
온 인류에게 깨달음의 세계를 주게 하시었으며
예수님은 십자가에 못 박혀 피 흘리게 하시어
온 인류의 죄를 사하게 하셨습니다

사랑이여
그대의 아픈 상처는 어찌하시렵니까
상처는 깊어져 가는데도 고통스런 표정은커녕
마냥 행복한 미소만 머금고 계시니까요

사랑으로의 여행 (15)

사랑이여
그대는 진주처럼 아름다운 눈물로도 출현하십니다
이 세상 눈물 없다면 얼마나 좋은 일이겠습니까
하지만 얼마나 또 재미없는 세상이기도 하겠습니까

이웃의 불행에 흘려주는 눈물
분단된 조국의 슬픔에 흘리는 눈물
부모님 돌아가시고 나서야 흘리는 참회의 눈물
반백년도 훨씬 넘어 만나 통곡하는 이산가족의 눈물

그러나 사랑이여
그대는 뜨거운 눈물 후에는 뜨거운 기쁨도 주십니다
그대는 눈물 쏟게 한 후에 희망의 불꽃도 주십니다
그대는 눈물을 흘리게 한 후에 평온한 마음 주십니다

사랑으로의 여행 (16)

사랑이여 그대는
곱게 물드는 저녁 노을 없어도 저 하늘 사랑하십니까
향기 없는 산자락 볼품없는 저 들꽃들도 사랑하십니까
고목 되여 꽃도 못 피우는 저 복사나무도 사랑하십니까
온 산에 불타는 단풍 없어도 저 가을산 사랑하십니까
뻐꾸기 꾀꼬리 울지 않아도 저 봄 동산 사랑하십니까
수평선 날아가는 갈매기 없어도 저 바다 사랑하십니까
당신을 배신하고 떠나버린 연인도 사랑하십니까

아 ! 그대여
그대에게는 이 세상 사랑하지 않는 존재란
전연 존재하지 않는다는 말씀이시군요

사랑으로의 여행 (17)

사랑이여
그대는 마음의 창문을 열면 들어오십니까
그대 들어올 자리 비우면 들어와 꽃을 피워 주십니까
꽃을 피우면 그 자리가 또 다른 우주가 되는 것입니까

그대 차지한 마음의 자리는 저 태양도 들어옵니까
저 하늘의 달과 별들과 바다와 육지도 들어와
율동의 춤을 춥니까

사랑이여
모두들 마음의 창문 열고 그대 들어와
시작도 끝도 없이 머물러 있도록 기도드리오니
사랑의 꽃 지지 않게 하소서

사랑으로의 노래 (18)

그대 마음은 지구보다 더 크시지만
땅속 벌레 한 마리도 헤아려주십니다
그대 마음은 하늘보다도 더 높지만
낮게 날아가는 새에게도 마음 주십니다
그대 마음은 우주보다도 넓지만
떨어지는 별똥별에게도 이유를 주십니다
그대 마음은 삼천대천세계 헤아리지만
나뭇잎 한 잎도 소중히 여기십니다

아! 그대 사랑의 마음은
메마른 종교와 철학에게
아름다운 무지개 테두리도 둘러주시며
이 가슴에 송곳 찌른 듯한 아픈 미완성과
희망의 꽃구름 번갈아주십니다

유리창으로 마주한 불암산佛岩山 (1)

옛 스님들은 면벽참선을 하셨다지만
나는 그대 불암산 향해 마음을 닦아보려
책상 위치를 그대 향한 유리창 앞으로 옮겼습니다

그러나 그대는
날이 가고 달이가고 계절이 몇 번이나 바뀌어도
나에게 마음을 열어주시지 않습니다

나를 받아주기에는 그대 슬픔 그리도 깊으신가요
갈대 들판이었던 이 노원 아파트 단지 되어
산봉우리만 가까스로 보여주는 게 그리도 슬픈가요

아름답던 계곡의 산자락 갈기갈기 찢기고
황사와 미세먼지 자동차 매연에 병이라도 들어
마음 열어줄 기력조차 잃은 것인가요

그러나 태초로부터 큰 마음 지닌 그대여
그대 보낸 조국 역사 얼마나 장구하고 파란만장했나요
그래도 굳건히 지켜온 그대 인고 얼마나 위대한가요

그대여 오늘도 유리창 밖으로
그대를 마주하고 있습니다
먼지 속에 가려지고 산성비구름에 젖어가는 그대를

하지만 그대여 문을 열어주세요
자비의 문 활짝 열고 닫아버린 마음 열어주세요
그대 마음속에 내 마음 들게 해 주세요

유리창으로 마주한 불암산佛岩山 (2)

유리창 열면 그대 그곳에 있고
유리창 닫아도 그대 그곳에 있네

내가 한눈 팔 때도 그대 그곳에 있고
내가 외출할 때도 그대 그곳에 있네

산자락 찢겨 그대 슬퍼하면
남은 봉우리 보며 나도 슬퍼하고

삶에 지쳐 그대에게 하소연하면
그대 흰 구름 띄워 나를 위로해주네

내 슬픔이 그대 슬픔 그대 슬픔이 내 슬픔
우리 사랑은 둘이 아닌 하나의 사랑

유리창으로 마주한 불암산佛岩山 (3)

불암산은 부처님 바위산
대여섯 산등성이 더 넘으면
아버님 잠들어 계신 곳
그래서 불암산은 어머님의 신앙
불암산은 어머님의 기도

새벽마다 목욕재계 하시고
유리창 마주 계시는 부처님 향해
아버님 극락왕생 빌어드렸네
12년간 정성 다하시고
유리창 밖으로 훨훨 날아
아버님 곁으로 가신 어머님

유리창으로 마주한 불암산佛岩山 (4)

그대에게도 아직은 기쁨이 있었군요
그대에게도 아직은 저력이 있었군요
좌절 속에서도 솟구칠 힘 있었군요

고층 아파트 빌딩들 그대 산자락 가려도
매연 황사 뿌옇게 그대 목 조여도
참고 견뎌날 뜨거운 힘 있었군요

이 아침 그대 찬란한 모습이여!
그대 산등성이 진초록 윤기 흐르고
그대 산봉우리 푸른 하늘 치솟았군요

제2부

산사山寺의 종이 울리면

도심 속의 비가悲歌 1

-나무

향나무 두 그루
중국음식점이 이사 오고부터
불행한 날 시작 되었습니다

크리스마스 보름 전 음식점 주인
전깃줄로 몸통은 물론 가지까지 칭칭 감고
수백 개의 전등 매달아
두 나무, 손님 끄는 노리개로
만들어놓았습니다

조여드는 마디마디 고통 견디기 힘들었지만
연말 지나면 풀어주겠지 하는 기대감에서
참고 또 참았지만
4계절이 몇 번 지나가도록 그대로입니다

향나무 두 그루 마지막 힘 다해 사정합니다
제발 자기들 뽑아 불태워 달라고
사는 게 죽는 것보다 더 고통스럽다고

도심 속의 비가悲歌 2

−비둘기

우리는 이젠 그 옛날 평화의 상징이 아닙니다
우리는 이젠 거리의 청소 새들로 전락했습니다
먹을 거라고는 거리의 쓰레기들과 취객들이 토해낸
더러운 음식들뿐입니다

그마저 없을 때는
풀이라도 뜯어 먹었으면 하지만 그조차 없습니다
물배라도 채웠으면 하지만 그조차 없습니다
인간은 죽으려면 약이라도 있지만 그조차 없습니다

오늘도 허기진 배에다 꾀죄죄한 몰골로
고가 전철 좁은 시멘트 기둥 위에서
우리 부부 서로를 부리로 쪼아 달래주며
서로의 서러움으로 배를 채워주고 있습니다

도심 속의 비가悲歌 3

–아파트

별을 보기도 어려워요
다른 아파트가 하늘을 가려서요
달을 보기도 어려워요
다른 아파트가 하늘을 가려서요
산을 보기도 어려워요
다른 아파트가 산을 가려서요
같은 층인데도 몰라요
같은 층에 누가 사는지도

손녀딸 피아노도 못 칩니다
시끄럽다 야단치니까요
손자 놈 하모니카도 못 부르지요
시끄럽다 야단치니까요
아이들 뛰놀지도 못 합니다
아래층에서 야단치니까요
강아지도 짖지 못 합니다
못 울게 목젖 수술했으니까요

도심 속의 비가悲歌 4

–산

산은 내가 그리워 울고
나는 산이 그리워 웁니다

오랜 세월 창문 통해
눈에 진물 나도록 보고 또 보고

싫어도 보고 좋아도 보고
함께 살아온 아내 같은 산인데

아! 이제 저 새 아파트가
내 창문 삼켜버렸습니다

굵은 빗줄기 쏟아지니
내 창문도 굵은 눈물 흘립니다

들꽃

오솔길 꽃들이여
이름 모를 가지가지 꽃들이여

이름이 무엇이냐 물어보려다
입 다무네

사람들 제멋대로 지어 부르는 이름
꽃들인들 어이 알까

꽃들마다 타고난 우주의 신비
저마다 보여주고 있을 뿐인 걸

시와 공간時空

시와 공간이 불가분의 관계라는
현대물리학 상대성 이론이여
이 세상은 끊임없이 변화하는
운동과 에너지의 연속이며
물질은 원자와 전자 사이의
텅 빈 공간으로 이어졌다는
그대 카프카 현대물리학의 발견이여

새로운 발견이라 떠들썩대지만
그대들 아는가요
부처님은 벌써 2600년 전 화엄경에서
설하셨다는 그 사실을
인간들이여, 아직도 선악 이분법으로
전쟁 즐기지 말고
모두가 하나라는 진리 받들어
자비로운 공존 이룰 수는 없는가요

그대여 그대는

그대여 그대는
벅차오르는 슬픔은 어떻게 떨쳐버리며
벅차오르는 기쁨은 어떻게 가라앉히며
아름다운 사랑은 어느 깊이까지 이르시나요

그대여 그대는
향기 없는 꽃의 내면의 향기도 맡으시며
구름 떠밀며 흐르는 바람의 뜻도 읽으시며
바다에 이른 산골물의 추억도 거슬러 그리시나요

그대여 그대는
그대 몸 안의 변화하는 순간을 들여다보시며
그대 마음의 어긋나는 순간을 바로 잡을 수 있고
그대 다가오는 미래의 순간도 새롭게 할 수 있나요

좌절挫折

이토록 헤이한 마음 어인 일이옵니까
불볕같이 계속되는 무더위 때문인가요
그간 쌓여온 좌절감 때문인가요
다가오는 종말이 두려워서인가요

가까스로 다가오시던 임의 모습도
이제는 짙은 안개 속으로 잠겨버렸습니다
희미한 꽃처럼 번져 오시던 임의 미소도
어두운 절망 속으로 사라져버렸습니다

임이시여
어두운 안개를 걷어버릴 지혜를 주소서
좌절을 털고 일어설 용기를 주소서
그리하여 임의 실마리에 매달리게 하소서

지구 쇼

한쪽에서는 배불러 다이어트 하고
한쪽에서는 먹을 거 없어 굶어 죽고

한편에서는 내셔널리그 환성 드높고
한편에서는 전쟁으로 초토화되고

이러다 지구 조각나 별똥별 되면
어느 별나라 외계인 좋아 구경할까

봄이 말해주기를

나의 부드러운 손길로 너를 어루만져주면
나의 따사로운 숨결로 너를 입맞춤해주면

얼어붙은 너의 가슴 눈 녹듯 녹아내리고
차디찬 너의 혈관 속 피는 뛰기 시작하리

흰 눈을 기다리기에

어른 아이 노인들 모두
올해 겨울에는 왜 아직도
눈 한번 내리지 않나 기다리기에

하늘이 모처럼
눈다운 눈 펑펑 내려주었더니만
이를 어쩌나!

몇 십 년 만의 폭설이니
농장 비닐하우스 다 망쳤다느니
교통 대란이니 원망하고 있으니

모두들
저들 탓은 모르고
하늘 탓으로만 돌리고 있으니

늙어만 가는 고목에

꽃과 나무 강과 산 하늘 바라보느라
우주 공간 그 너머 신비 넘보느라

종교 속으로 긴 여행 다녀보느라
동서양 철학자들 속마음도 넘보느라

방황할수록 더 늙어만 가는 고목에
과연 꽃이라는 게 피기나 할 것인가

불협화不協和 (1)

1760년대 영국 산업혁명은
물질문명 기계문명 일으켰고

고대로부터의 시詩 변혁도 가져와
근대 현대시를 낳았다 하고

새로운 서정시의 생일은 1850년
그 주역은 불란서의 시인 보들레르

그들의 주장은
불협화라야 현대시라니!

그렇다면 애써 써놓은 내 시들
현대시와는 거리가 먼 고전 시

하지만 나는 상관없다오 오히려
순수한 원시인들을 더 존경하니까

불협화不協和 (2)

사랑하는 시의 요정들을 감추라니
눈앞의 아름다운 모습을 부정하라니
그래야 현대시라고 한다니

긍정적인 모든 것들을
부정적으로 다 바꾸어야
그래야 현대시라고 한다니

불란서의 시인 보들레르
저 피카소와 친구 사이였다 하니
혹시 그 친구에게 폭 빠진 건 아닐까

나는 싫다네
나 자신까지 부정하라면
차라리 원시 시인이나 되고 말지

구슬 꾸러미

눈 쌓인 들판 바라보아도
겨울잠에 떨어진 과수원 둘러보아도
흰 눈 이고 있는 잣나무 쳐다보아도
보이지 않습니다

산 넘어가는 구름 사이 하늘에도
연못가 봄 기다리는 버들강아지에도
도심으로 돌아오는 차량 꼬리에서도
찾아볼 수 없습니다

온종일 헤매다 지쳐 집에 돌아와
절망을 넘어 모든 거 버렸습니다
찾으려던 모든 욕망과 욕심 버렸습니다
그제야 마음은 거울처럼 맑아졌습니다

아! 그 순간
마음속 호수에 달이 떠올랐습니다
찾아 헤매던 구슬꾸러미 달무리에 걸려
잔잔한 미소 보내주고 있습니다

내가 찾던 꽃은

내가 찾던 꽃은
이웃나라도 먼 나라도 아닌
바로 내 나라 내 곁에 있었네
내 곁에 있는 것도 모르고
그 오랜 세월 찾아 헤매느라
얼굴엔 주름살만 깊어졌네

하지만 후회는 하지 않네
고통스런 그 방황을 밑거름하여
내 곁 꽃 더 아름답게 피우려네
고조선부터 무녀들의 신명나는 춤이며
신라 화랑들의 말발굽 소리며
원효스님의 하늘 뚫는 기둥이며

내가 찾던 꽃
이웃나라도 먼 나라도 아닌
내 나라 삶의 역사 속에 있었네

바위와 희로애락喜怒哀樂

바위여! 내 강변집 뒤곁 큰 바위여
사람들 기쁠 때면 행복감에 젖지만
그대는 기쁨이란 게 안중에도 없군요

사람들 화날 때면 눈 부릅떠 욕하지만
그대는 화가 무엇이지 잊은 지 오래군요

사람들 슬플 때면 목 놓아 통곡하지만
그대는 슬픔이란 걸 알지도 못 하는군요
사람들 즐거우면 흥이나 춤도 추지만
그대는 즐거움이라는 것도 모르는군요

하기야 저 달마대사 면벽참선 9년만에도
희로애락 초월했는데
그대 바위는 수억만 년이나 구도 해왔으니
까짓 희로애락 무슨 대수이겠소

내 마음과 같아요

이 바위 좀 봐요
내가 모처럼 올라앉아 강물 내려다보니
바위도 강물 속 가라앉은 해를 내려다보내요
바위 마음도 내 마음과 같아요

저 소나무 좀 봐요
내가 강물보다 뒤돌아 소나무보며 휘파람부니
소나무도 솔바람에 솔향기 보내주네요
소나무 마음도 내 마음과 같아요

저 뒷산에서 울던 뻐꾸기소리 안 들리네요
내가 해가 서산에 넘어 집에가 잠자리 들려하니
뻐꾸기도 둥지 찾아 잠들려고 갔나 봐요
뻐꾸기 마음도 내 마음과 같아요

마음의 창문

그대 참모습 찾아 헤매는
내 마음의 창문으로는
그대 참모습 밝게 보이지 않습니다

아침 떠오르는 태양도 희미하게 보입니다
밤에 떠오르는 달님도
밝지 못 합니다

마음에 잔뜩 낀 먼지라도 닦아
자세히 보려 몸부림쳤습니다만
허사였습니다

아! 임이여 그 언제나
빛나는 태양 떠올려주시겠습니까
거울처럼 밝은 달 떠올려주시렵니까

구도자求道者

땅을 밟고 걸어가셔도 마음만은
저 잔잔한 바다인가요
저 푸른 하늘인가요

발길 가시에 찔려 고통스러우셔도
저 산새 소리 천상의 음악으로 들리시나요
저 개울물 속 물고기 대화도 들리시나요

어쩌다 마음에 티끌한 점 얹혀도
그 티끌 한 점조차 순간 정화시켜
둘이 아닌 하나의 밝은 미소 보여주시나요

무지개보다 더 고운 그대 마음이여
눈부셔 바로 바라볼 수 없는 그대 마음이여
나도 그대와 둘이 아니게 하여주소서

화두話頭

오가도 말고 머물지도 말며
앉지도 말고 눕지도 서지도 말며

말도 하지 말고 침묵하지도 말며
움직이지도 말고 가만있지도 말며

어떻게 그어주신 동그라미 속으로
들어갈 수 있단 말씀인가요

면벽정진 얼마나 하면 지나는 행인이
번쩍 안아 넣어준단 말인가요

우주를 둘러 덮은 그물코

우주를 둘러 덮은 그물코
그 그물코마다 달아놓은 구슬 종들이
오늘도 이곳저곳에서 울린답니다

과학의 노예가 된 인간들
제 죽음의 구슬 종들을 시도 때도 없이 울려
구슬 종들도 이젠 지쳐 최후통첩 보낸답니다

오존경보 이상기온 미세먼지 지구온난화
지구는 병들어 가는데 인간들은 개의치 않고
기세를 더하여 자연을 파괴하고 있습니다

하늘의 제석천왕이 쳐놓은 그 구슬 종들이
더 이상 견딜 수 없어 전 지구를 울린다면
그날이 바로 지구의 종말의 날이랍니다

인간들이여
지구의 멸망 남의 일입니까
지구의 멸망의 날 나 몰라라 하시렵니까

집착과 해탈

어제 농장 내려가 과로해서
잇몸 부어 음식 씹을 수 없네

콩밭갈이 마무리
해내고야 말겠다는 집착으로
기를 쓰다 이꼴 되었네

집착에 머물지 않고
자유로워야 한다는 그 말씀
또 깜빡하고 잊었던 것이네

게으름과
부지런함도
구분 못하고
집착과 자유로움도
구분 못하는 이 어리석음
언제나 해탈하려나

촛불

스님이시여
백년 캄캄하던 굴 속에 촛불 켰을 때
백년 걸리지 않고 밝아지는 것처럼

한 생각이
깨달음으로 바뀌지면
백년고뇌 눈 녹듯 사라질 수 있단 말인가요

스님이시여
그렇다면 그 한 깨달음 국민들에게 가르쳐
이 나라 통일 이룩할 수는 없겠습니까

연기緣起

그대 손에 보여 주는 꽃이
꽃이 아니라니요
다만 허공이라니요

연기에 의해서
변해가는 찰나의
착각뿐이라니요

하지만 그 꽃
물과 태양과 그대 손 없었다면
어찌 그 자리에 있겠나요

그대여 그렇다면
그 꽃 실체를 찾으려면
어디로 떠나야 하는가요

껍질

양파가 벗겨 달라하네
한 꺼풀 한 꺼풀 벗겨 달라하네
다 벗기고 나면 순수한 씨앗의
영혼만이 남을 테니 벗겨 달라하네

마음이 벗겨 달라하네
한 꺼풀 한 꺼풀 벗겨 달라하네
다 벗기고 나면 순수한 씨앗의
업보만이 남을 테니 벗겨 달라하네

저승사자

저승사자는 그 누구도 비켜가지 않는다고
순서가 되면 쥐도 새도 모르게 혼을 빼앗아
저 세상으로 데리고 간다고 무서워합니다

저승사자는 성현이고 제왕이고 가리지 않고
호시탐탐 노리다 약점 잡으면 여지없이
저 세상으로 끌고 간다고 겁을 냅니다

아무리 잘난 사람들도 못난 사람들도
이 하늘 아래 살아있는 모든 생물들은
그의 손아귀 못 벗어난다고 두려워합니다

하지만 저승사자는
하루하루 보람 있게 정정당당히 살면 되지
왜 지레 겁만 먹고 무서워하느냐고
연민의 정도 느낀답니다

갠지스 강의 여신이여

갠지스 강의 여신이여 그 무슨 신통력으로
그 강물에서 목욕하는 사람들에게
축복을 내려주시나요

그대 강물에
수많은 사람들 몰려들어 때를 벗겨내는데
노여움커녕 축복을 내려주시나요

몸의 때뿐만 아니라 마음의 때도 벗겨주시고
면벽수행정진 효험까지
전수해 주신다니요

그대 갠지스 강 여신이시여 그대 계심으로 하여
그대 나라 인도는 종교와 철학의 나라 이루었고
동방 해 뜨는 한국을 노래한 타골도 계시는군요

벌거숭이 나무

벌거숭이로
거리에 서 있는 나무여

나는 목욕탕에서도
부끄러워 몸 가리는데

잎사귀 옷 훌랑 벗고도
의연한 나무여

하기야 지난 그대 세월
무슨 부끄럼 한 점 있겠는가

따스한 배려

거울을 들여다 봅니다
주름 늘어가는 순간을 지켜보려고요

하지만 주름은 한눈 팔 때 한줄 더 긋고
과거의 계단으로 숨어버립니다

꽃을 들여다 봅니다
꽃잎 지는 순간을 지켜보려고요

하지만 꽃잎은 한눈팔 때 땅에 떨어져
무념無念에 빠져 있습니다

순간의 슬픔 못 보게 하는 것은
도대체 어느 누구의 따스한 배려일까요

꿈에라도 그대 주변 날아가

농막 앞 세 그루 목련꽃 달빛에 감싸여 고요합니다
먼 여정 길 잠시 쉬고 있는 수천 마리 학입니다
별빛도 쏟아져 은가루 뿌려줍니다

푸르고 깊은 우주여
나는 저 공간 어디에서 떨어져
생명의 씨앗 되어 이 자리에 존재하고 있나요

분명한 것은
삼천대천세계 중 이 지구로 지정해 떨어트려주시어
저 목련꽃처럼 따스한 온기로 길러주심 믿고 있나이다

꿈에라도 그대 주변 날아가
이 고마움 어루만져 드릴 수 있게
아가와 내가 타고 갈 백조 한 마리 내려주소서

하늘이시여

하늘이시여 그 파란모습으로
위로는 태양과 달과 별을 거느리시고
아래로는 6대주와 5대양 굽어보시며
이 티끌 같은 생명조차 지켜주시는 하늘이시여

오늘도
그대 은혜로움 가슴으로 느끼며
농막 앞마루에 앉아 그대 하늘
우러러봅니다

하늘이시여
그대만큼 크신 마음 어디 또 있겠습니까
매실들 익어가는 소리에 미소 지으시는군요
산속 새소리, 물소리까지 보살펴주시는군요

서운한 정 남겨주시며

오늘도 온종일 따사로운 햇살로 하루를
나의 자그만 농장과 과수원의 열매들
잘들 익어가도록 보살펴주시더니

고마운 해님이시여
이제 밭일 그만하고 쉴 때 되니 떠나시는군요
서쪽 하늘 붉은 노을로 서운한 정 남겨주시며

어머님 같으신 달님

아버님 같으신 태양의 빛을 빌려
어머님처럼 어두운 밤 밝혀주시는
달님이시여

잠들 잘 자나
밤새 구름 사이사이로 내려다보시는
달님이시여

강여울 빠른 물살에 은가루 뿌려주시고
깊은 바다 속 고요함 즐기시는
어머님 같으신 달님이시여

별님은

별님은 아가를 사랑합니다
그래 아가 눈 속에서 초롱초롱 빛내주시지요
별님은 아이들도 사랑합니다
그래 별을 보며 아빠 엄마 얼굴 보게 하지요
별님은 청소년을 사랑합니다
그래 별을 보고 희망을 보게 하지요
별님은 연인들을 사랑합니다
그래 둘이 함께 별을 세어보게 하지요

별님은 사막의 낙타들도 사랑합니다
그래 별자리 보고 길을 인도해주지요
별님은 기러기 가족도 사랑합니다
그래 가을밤 달무리 쪽으로 불러주지요

여름이여

여름이여 그대 계절의 제왕은
봄꽃 보느라 정신없는 틈에 찾아와
제왕의 자리에 군림하십니다
우선 산과 들을 정복하여
청록색 제복으로 통일 이루시면서
논과 밭곡식들 뜨거운 태양 쬐게 하십니다

계절의 제왕 여름이여
그대 품안 아니면 짐승들 어디에 깃들며
그대 햇볕 아니면 오곡백과 어이 익어가며
그대 천둥번개 소낙비 아니면
인간들 기고만장 어이 잠재우며
목마른 대지 어이 목축이나요

매년 한 번 왔다가
여름내 땀만 뻘뻘 흘리면서도
맡은 바 소임 소홀함 없이 이루고 나서는
다음 차례 계절 가을에게 모든 권한 물려주고
아무런 미련 없이 물러서는
아! 위대한 계절의 제왕 여름이여

바다여

바다여
그대 마음 얼마나 넓고 크고 깊으면
백 천 강물 다 받아들여 파도치는가요

그대 파도는
육지로부터 퍼 내리는
모든 고통 감내하는 몸부림

참다 참다 못해 때로는
태풍 힘 빌려 제방 넘치는 해일로
고통 안기는 인류에게 경고도 주긴 하지만

그래도 그 넓고 크고 깊은 마음으로
본래의 구도의 경지 짠맛 하나로 돌아가
바다여 오늘도 달 띄운 잔잔한 바다여

추억의 구름

나이 어린 손주들과 고구마 캐느라 행복할 때
산 넘어 가던 뭉게구름 멈추고 빙긋 웃어주었지요

벌초 끝내고 하산할 때 서쪽 골무봉 붉은 노을구름
집에 돌아와 잠들었을 때도 눈 속 떠나지 않았지요

비행기 창밖으로 내려다본 하늘 위 구름 바다는
이 나라 오백 년간 뒤덮었던 목화밭이었지요

지금 농막에서 바라보는 저 조개구름은
어느 바다에서 파도와 노닐던 조개문양인가요

지구가 둥근 이유

달님처럼 둥근 지구본을 돌려봅니다
녹색의 6대주가 지나갑니다
검푸른 5대양이 지나갑니다
내가 다녀온 나라와 도시가 지나갑니다
내가 가보지 못한 나라와 도시가 지나갑니다

아프리카 킬리만자로의 흰 눈도 지나가고
북극의 연어잡이 하는 백곰도 지나가고
만리장성도 간다라 문명지도 지나갑니다
돌리던 지구본을 멈추었습니다
갈라진 조국의 허리에서
피가 흐르고 있습니다

달님처럼 동그랗게 빙 둘러 손잡고
강강술래 춤추며 사이좋게 지내라
지구님 얼굴도 이리 둥그신데
어찌 지구촌 사람들은
이웃끼리 편 갈라 으르렁대며
하루도 편한 날 없을까요

깊은 바다 밑에도

깊고 깊은 바다 밑에도
일만 미터나 되는 바다 밑에도
생명체가 살고 있다네

아직 본 사람은 없어도
머지않아 우리들 안방에서도
컴퓨터모니터로 볼 수 있다네

빛도 없는 캄캄한 그곳에서
얼음처럼 차가운 그곳에서
엄청난 그 수압 속에서 살고 있다니

그 어떤 괴물이 나타날지 겁이 나네
사람들은 왜 바다 비밀까지 들춰내나
육지 병들게 하고 왜 바다까지 넘보나

흰 목련꽃

내 너를
백일 지난 아가가 엄마와 눈 맞춤 할 때
아가의 방긋 웃는 해맑은 웃음이라 하랴

내 너를
소년시절 연정 싹틀 때
밀려드는 지순한 그리움이라 하랴

내 너를
부처님 입가에 잔잔히 흐르는
자비로운 미소라 감히 우러러 보랴

바위

바위 위에 소나무 한 그루 자라고 있습니다
바위가 소나무를 기르고 있지요

바위 처마밑 틈새에는 벌들이 바글거립니다
바위는 비 가려주며 벌들도 길러주지요

바위 밑에는 푸른 이끼가 고색창연합니다
바위는 푸른 이끼와 오랜 세월 함께 살지요

바위 위에 올라앉으니 저 아래 강물이 흐릅니다
바위는 태초부터 저 강물 보며 마음 다스리지요

길 (1)

나는 오늘도
내 길을 걸어 왔소
그리고 지금도 내 길을 가고 있소

아침 눈 뜨는 것도 커피 한 잔 마시는 것도
조간신문 읽고 이곳저곳 전화 거는 것도
모두 내 길에서 생긴 일들이오

유리창 너머로 몇 차래 바라본 불암산도
눈감고 그려본 고향집 대추나무도
모두 내 길에서 만나야했던 것들이요

내가 오고 가는 길은
하늘과 강과 산 그리고 꿈속에도 있지만
한번 지난 길 다시는 되풀이할 수는 없소

길 (2)

오늘도
바람은 바람의 길을 가오
구름은 구름의 길을 가오

오늘도
산속의 바위도 산도 더딜 뿐
그들 길을 가고 있소

오늘도
한 알의 모래알 같은 나도
나의 정해진 길을 가고 있소

백부님伯父拒

집안 친척 어른들은 백부님을
부처님 반토막이라 부르셨네

부처님은 살아계실 때
팔만사천경이나 설하셨다는데

나의 백부님은 뵈올 때나 떠날 때나
왔니 가니 딱 두 마디 말씀뿐이셨지만

왔니 하실 땐 반기는 기색 가득하셨고
가니 하실 땐 서운한 기색 가득하셨네

종교 지도자들이여

모처럼 한자리에 모여
21세기 종교의 갈 길 역설하시는
종교지도자들이여

종교는 다르나 지향하는 진리는 하나이니
모두 단합하여 한길로 가기를 제창한
종교지도자들이여

세계평화를 위하여
이 나라 통일 달성을 위하여
이 나라 국민들 행복을 위하여

죽어가는 생명 살리기 위하여
죽어가는 지구 살리기 위하여
다 함께 가자는 종교지도자들이여

부처님 대견해 웃어주시네요
예수님 대견해 웃어주시네요
공자님 단군님 대견해 웃어주시네요

산사山寺의 종이 울리면

산사의 종이 울리면 종소리는
저마다의 소리 길을
떠나네

수무 번하고 여덟 번 종을 치니
수무 번하고 여덟 번의 종소리는
저마다의 길을 떠나네

부처님 말씀 경청하라
삼천대천 알리려
산지사방 제 길을 떠나네

산사 처마밑 풍경風磬도
천상天上 구경 하려
산사의 종소리 흉내내며 뒤따라가네

어찌 그리 쉬운 말씀으로

큰스님, 어찌 그리 쉬운 말씀으로 설교하시지만
아둔한 저로서는 통 알 수가 없군요
조금 집착하면 조금 미친 것이고
많이 집착하면 많이 미친 것이고
하나도 집착하지 않으면 제정신이라니요

그렇다면 큰스님께서
새벽부터 온종일 목탁치고 염불하시는 건
집착이 아니란 말씀입니까
시에 집착하여 방황하는 저는
이렇게 벗어나지 못하고 헤매고 다니니
분명 많이 미쳤다는 말씀입니까

하나도 집착하지 않아야 제정신이라니
그렇다면 저보고 아예 시와는
결별하라는 말씀인가요
혹시나 큰 스님께서는
진선미에 대한 집착이 아니고
악에 대한 집착을 말씀하시는 건 아닌가요

동안童顔의 웃음

어느 신자信者찾아와
큰스님 절 받으세요 하며 삼배 올리려하니

차나 마시고 돌아가시게
여기는 큰스님 없고
서울에나 많이 계시다네

큰절 마다하시는 큰 스님 얼굴에 가득 핀
동안童顔의 웃음

천진불天眞佛두 분뿐

함부로 말 튀어나오는 거 조심하고
마음이 꿈틀꿈틀하는 거 조심하고
행동이 빼쭉빼쭉하는 거 조심하라고

장난치며 노는
어린 동자스님 품에 안고
설교하시는 큰스님

그 많은 경전 달달 외우시면서
한자漢字 안 들어가는 쉬운 말씀으로
오늘의 설교 끝맺음하시니

모두들 자리 뜨고 난 조실에는
깊은 선정禪定에 들어있는
천진불天眞佛 두 분뿐

무우정사無憂精舍

큰절에 계시지
왜 이 불편한 곳에서 지내시느냐
여쭈어보니

현판을 가리키시며
저 글자처럼 이 작은집은
근심과 욕심을 털어버리는 집이라오

근심과 욕심 없는 사람 어디 있나요
맘먹기에 달린 건 알지만 그게 쉬운가요
그래 지족知足의 길을 체험중이라오

말씀 듣고 산을 내려오는데
지족을 모르면 헐떡거리다 죽는다는
스님 말씀 뇌리 속 떠날 줄 모르네

오어사吾魚寺

신라 큰 스님 두 분
천오백 년이나 기르신 백발 수염 날리시면서 아직도
오어사 근처 개울가에서 천진불 동자승으로
서로 놀려대고 계신답니다

곡차에 취해 우물 속에 들어가 몇 달 잠자다 깨어
삼태기 쓰고 개울가로 나온 혜공스님은
경전 저술하다 물을 것 있어 오겠다는
원효스님을 기다리고 계신답니다

두 분께서는 새우와 물고기를 잡아 잡숫고
바위 위에 대변을 보셨는데 서로 우기시기를
그대가 누운 똥은 내가 잡은 물고기라네
아닐세 그대가 누운 물고기는 내가 살린 물고기라네

두 분께서 눈 대변은 향기 뿜는 금덩이 되어
천오백 년 지난 지금도 온 세상 밝히고 있는데
대중을 위해 대중으로 들어가 대중과 함께하셨으니
대중들에게 똥 눈 것까지 보여 주신답니다 글쎄!

일연 스님

존경하옵는 일연스님이시여
어찌 이토록 금강석보다 더 빛나는 삼국유사를
그것도 혼자의 힘으로 저술하시여 남겨주셨습니까

스님께서 남겨주신 단군설화나 고대 역사 없었다면
우리 어찌 반만 년의 유구한 역사와 전통 자랑하며
우리 어찌 배달민족의 긍지로 살 수 있었겠나이까

우리 민족의 설화와 절터 이야기며 지극한 효행들
재미있는 신통력 등 기록해주시지 않으셨다면
우리 어찌 후손에게 이어줄 수 있었겠나이까

다정도 하신 800여 년 전 대선사님이시여
어이하여 허연 수염 도사님으로 나타나시어
스님 저서 읽는 저를 내려다보고 계시나이까

복실이의 환생還生 (1)

나는 보았네 지난 봄날
처음 핀 모과나무 꽃에서
복실이의 서글픈 연분홍 눈빛을

묻어준 모과나무 밑에서 잠깨어
모과나무 가지마다 피어난
연분홍꽃 물결을

아파트에서 짖는다고 목젓 잘리고
결국엔 버림받고 내쫓겨
불쌍히 여긴 전 노인
경비실 구석에 거두어 낳은 새끼들
짖지 못해 고양이에게 물려가고

나는 보았네
이 가을 아침에는 또
서러움 떨쳐버리고 모과로 환생한
올망졸망 새끼들과 복실이를

복실이의 환생還生 (2)

따끈한 모과차에서
피어오르는 향기
그 향기 속 다가오는
마당 한편 모과나무

그 모과나무에서
찻잔 속에 떨어지는
연분홍 꽃잎들

그 꽃들 사이로 쳐다보는
털북숭이 복실이의 두 눈동자
모과나무 밑에 묻어주고
모과 꽃으로 피어나라 했더니

모과차 마시려면
어김없이 찻잔 속에서
보여주는 가엾은 두 눈동자

제3부

꽃 속 밭갈이

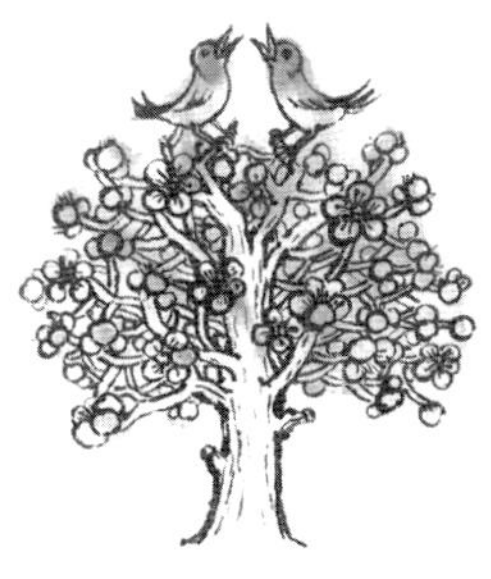

농막 (1)

–농막으로 갈 때면

차창 밖 강물 흘러오며 흘러가며
재촉하지요, 빨리빨리 가보라고
강낭콩 꼬투리 쓰러져 싹 난다고

차창 밖 산들 다가오며 지나가며
성화하지요, 어서어서 가보라고
복숭아 다 익어 떨어진다고

주말마다 내려가는 농막인데도
왜 이리도 마음 설렐까요
어린 시절 소풍가는 날 아침처럼

농막 (2)

–강변집은 없어졌지만

강변집은 없어졌지만
멀찌감치 저 아래 강변집 뒷산은 보이지요
멀찌감치 저 아래 강변집 앞 강물도 보이지요

강변집 잊지 못해
강변집터 보이는 이곳에
농막을 지었지요

농막은 산자락 밑 키큰 오리나무가 지켜주고
먼발치 강줄기 오솔길에서 손님들 보이면
키큰 오리나무 위 까치가 알려주지요

농막 (3)

-집으로 돌아가는 새벽 기차

집으로 돌아가는 새벽 기차 타러
오솔길 논두렁 밭두렁 걸어 역에 이르면

우리 내외 역사 밖 간이의자에 앉아 땀 식히며
떠나온 농장 이야기 나누지요

새벽 기차 기다리며 이야기하는 동안
앞산 뻐꾸기 잘 가라 연상 뻐꾹 대지요
옆 산 꾀꼬리들도 잘 가라 꾀꼴 대지요

얼굴 검게 탄 아내에게
고생시켜 미안하다 말해주면
안 듣는 것보다는 좋은지 웃어주지요

농막 (4)

–백일홍의 시샘

백일홍 꽃 이름처럼
정말 백일이나 꽃피우나 보려
농막 앞에 심었지요

무럭무럭 잘도 자라 꽃 피워
붉은 꽃 더미 얼굴 어찌나 크고
시샘 또한 어찌나 큰지

강변집터 못 보게 가려버려요
아침햇살 강줄기 못 보게 가려요
저녁노을 강줄기 못 보게 가려요

농막 (5)

–과수원이 주는 보답

남들은 나를
과수원 주인이라 부르지만
과수들 심부름꾼이지요

가지치기 해주지요
풀 깎아주지요 병 고쳐주지요
게다가 냄새나는 거름까지 주지요

심부름꾼이지만 그래도
주는 것보다 더 많은 보답 받으니
하루하루가 아주 행복하답니다

이 나이 되도록 모르고 살았던
과수들의 신비로운 비밀들
아낌없이 들려준답니다

꽃 몽우리 맺히는 소리도 들려줘요
꽃피는 소리도 들려줘요
열매 익어가는 소리도 들려줘요

농막 (6)

–남한강이여

유구히 흐르는 남한강이여
장구히 흘러가는 남한강물이여
반만 년 이 나라 역사 지켜보며 흘러가면서
미미한 이 생명조차 외면하지 않는 남한강이여

내 어렸을 적 벌초길 가늠해주고
내 젊었을 적 낚시 재미도 주고
내 장년 들어서는 강변집 앞에서 물결쳐주고
내 노년 농사일 지금도 멀찌감치 지켜봐주며

그 오랜 세월 외면해 오기는커녕
반짝이는 아침햇살 물결로
노을 담긴 정다운 얼굴로
우주의 신비로움도 깨닫게 해주는 남한강이여

농막 (7)

–농막의 밤

땅거미 강 쪽으로부터
짙어져 올라오면

계단 논 벼 포기 뒤덮는
개구리 우는 소리

개구리 소리에 취해
초저녁 잠들었다 깨니

바로 뒷산에서 우는
소쩍새 소리

소쩍새 울기 기다려
개구리들 이제야 잠들었군

농막 (8)

—체념諦念

전 노인 허허 웃네
차마 욕은 못하고
허허 웃기만하네

싹둑싹둑 잘라먹은 콩밭 둘러보며
남기고 간 고라니 발자국 보며
기가 차 허허 웃기만하네

이젠 콩 농사도 못해먹겠구나
들깨 모종이나 또 해야겠구나
들깨 모종마저 따먹으면 어쩌나

고라니 숨어있는 뒷 산 보다
뒷산 봉우리 하늘 구름 보다
담배 한 대 피워 무는 전 노인

농막 (9)

–연못

조그만 연못이라도
부러운 게 없어요

감나무 매실나무 복사나무
사시사철 그림자 띄워주지요

금붕어 참붕어 우렁이
갈대풀 요리조리 흔들어주고요

고요한 달밤엔 달님도 잠겨주고
옆 산 소쩍새들 밤새 울어주지요

조그만 연못이라도
부러운 게 하나도 없지요

농막 (10)

–복에 겨운 인연

저 산 너머 연산 홍 꽃 속에 잠들어 계신 어머님
어이 뒷산 고갯길로 아버지와 함께 내려오시나요

저 높은 산 너머 고향 어릴 적 신겨주신 꽃버선
어이 이 농막 저녁하늘 틈새로 내려다보시나요

멀찌감치 저 아래 흘러가는 고요한 남한강 강물은
어이 강변집 아침이슬 복사 얼굴 보여주시나요

가도 가도 끝없는 삼천대천세계에서
이토록 복에 겨운 인연 주신 은혜 감사하나이다

농막 (11)

–이곳 농막에서는

이곳 농막에서는 부러운 게 없습니다
근처 선산에서 베어온 낙엽송으로
얼기설기 지은 통나무 농막에는 부족함 없습니다

태양과 달과 별 번갈아 비추어주고
구름과 바람 산과 나무 그리고 샘물과 개울과 강
자연 속 행복 없는 게 없지요

비록 바다는 보이지 않지만
저 앞에 도도히 흘러가는 강물도 곧 바다에 이를 터
저 강을 바다라 생각해도 왜 아니 되겠습니까

철따라 꽃피고 열매 맺어주고
야채나 김장 무 배추 고추 잘들 자라주며
콩팥 옥수수 감자 수수도 저들 몫 다 해주고요

한가한 겨울철에는 아궁이에 불 지피고
눈이 펑펑 내리는 창밖 내다보며 그리워하는
내 어린 시절 고향도 바로 서너 산 너머 있지요

농막 (12)

–농막 뒷산은

농막 뒷산은
농막을 포근히 품어주기도 하지만
병도 주고 약도 준답니다, 글쎄

한밤중엔 멧돼지 고라니 내려 보내
세 마리 개들 짖어대는 소리로
잠 설치는 병 주고요

아침부터 저녁까지 낮에는
산새들 지저귀는 노래 소리 보내
밭일하는 우리 내외 힘 돋는 약 주고요

농막 (13)

-별들이 보여주는 추억들

개구리 우는 소리 요란한 이 밤
농막하늘 별들도 개구리소리에 질세라
별빛 쏟아 내려줍니다

요란한 개구리 소리가 데리고 오는지
저 하늘의 별들이 데리고 오는지
내 지나간 추억도 데려다줍니다

유년시절 청소년시절 장년시절
그리고 현재진행중에 있는 노년시절
주마등처럼 보여줍니다

참 이상도 하지요
개구리 소리와 저 쏟아지는 별빛이
내 맘 속에 행복감도 데려다 주었는지

순간처럼 지나간
보잘것 없는 내 인생도
후회 없는 밝은 색으로 채워주네요

농막 (14)

–뒷산 소쩍새

소쩍새야
밤새우는 소쩍새야

진달래 한 송이 필 때도
피눈물로 반겨주느냐

진달래 한 송이 질 때도
피눈물로 작별 고하느냐

전생에 무슨 한 깊어
밤새 그리 울어대느냐

농막 (15)

–한겨울 지금

한겨울 지금
농막도 그리워할까
우리 내외를 우리처럼

아니야
내려쌓인 눈 속에서
겨울잠 떨어졌겠지

이따금 실눈 뜨고
바로 앞 목련가지나
쳐다보면서

가늠이나 하겠지
봄이 어디쯤
오고 있을까 하고

농막 (16)

–흰 눈으로 덮여있겠지

한겨울 지금
농막 지붕과 앞마당
흰 눈으로 덮여있겠지
아궁이 추워 떨면서
불길 그리워하겠지

너무 키 커서
수낭이들 잘린 감나무
이 강추위 견뎌낼까
떨어진 은행 알들
흰 눈 속 파묻혀
왜들 아니 올까 기다릴까

고라니와 멧돼지들
뒷산 어느 굴속에서 또 속 썩일
명년 봄 기다리고 있을까

꽃샘추위

어제는 봄비 내리더니
오늘은 온종일 진눈깨비 내리고
내일 아침은 또 추워져 얼음 언다니

꽃샘추위야
왜 그리
못된 심술부리느냐

추위에 오들오들 떨고 있는
저 꽃 몽우리들
가엾지도 않으냐

성급한 벌 한 마리

아직은
이른 봄
꽃샘추위 기승부리는데

성급한 벌 한 마리
매실나무 쪽으로
날아가지만

아직 매실나무들
꽃 몽우리들도 내밀지 못해
향기도 없을 텐데

혹시나
저 벌 한 마리 잠자다가
꿈결에 나온 건 아닐까

이른 봄

봄이 어디쯤 오고 있을까
창문으로 내다보니

하얀 나비 한 마리
힘겹게 팔랑거리며

아직도 몽우리 맺힐 낌새 없는
매실나무쪽으로 날아가는데

혹시 저 양지바른 매실나무쪽에는
봄이 와 웅크리고 있는 건 아닐까

성급한 마음

멀찌감치 저 아래
남한강 내려다보이는 이곳에
매실나무를 심었소

어린 매실나무들 내후년이면
연분홍 꽃 피우고 청매실들
탐스럽게 열려 줄 거요

방금 심고 땀 가시기도 전
매실주 입맛 다신다고
성급하다 탓하지 마소

저 나비 한 마리도
방금 심어 놓은 나무 주변
침 삼키며 날아다니지 않소

봄비

한밤중 봄비가 농막 지붕
후드득 후드득 뚜드려
잠 깨워줍니다

그제 어제 이틀 동안 심은
매실나무에 비 뿌려준다고
곤히 잠든 잠 깨워줍니다

농막 문 열고 내다보니
어린 매실나무들 봄비 마시며
좋아라 춤도 춥니다

이리도
봄비 고마운 줄
어찌 예전엔 몰랐을까요

짬 깨워
봄비 소리 들려 준 농막 지붕 또한
어찌 이리 고마울까요

꽃 속 밭갈이

감자밭 갈다 앞을 보면 바로 눈앞
농막 입구 세 그루 목련꽃들
좀 쉬었다하라 성화하고

강낭콩 밭 갈다 앞을 보면 바로 눈앞
연못가 세 그루 자두 꽃들
좀 쉬었다하라 성화하고

산자락 허리 휘감은 바로 눈앞
붉은 진달래꽃더미 더미들도
저들 보며 봄노래 불러 달라하고

이거야 원 참! 꽃샘추위 심술 때문에
가뜩이나 늦어버린 밭갈이는
언제 끝내라고

게으른 개구리

감자밭 일구느라
삽으로 밭이랑
뒤집고 있을 때
흙속에 섞여 나와
밭고랑으로 나뒹구는
개구리 한 마리

눈을 뜨기는커녕
온통 흙으로 뒤집어쓰고
깜짝 놀라 꿈틀 거릴 뿐
이 게으른 놈아!
경칩 지난 지가 벌써 언제인데
아직도 겨울잠이냐

게으른 놈 밉기는 하지만
혹시나 다칠까 조심스레
연못가로 옮겨주네
얼른 제 식구들과 짝들 만나
해거름 저녁이면 맑은 합창소리로
연못물 덮어주게

농장으로 옮겨온 나무 3그루

농장으로 옮겨온 나무 3그루
저리도 좋은지 연상 고마워하며
춤을 춥니다

죽어가던 우리 세 나무 살아났다고
오늘 식목일 날 옮겨오지 않았으면
우리는 더 이상 살아남지 못했을 거라고

도심에서는 살 수 없다고
새로 생긴 고층 건물이 햇볕 가리고
앞에 있던 목련나무 우쩍 자라 숨 막혔다고

앉은뱅이 소나무 이젠 키 클 희망에 춤을 춥니다
앉은뱅이 산수유나무 넓은 들바람에 춤을 춥니다
앉은뱅이 주목나무 산새 소리에 춤을 춥니다

가지치기 (1)

발그스레한 매실꽃망울들
겁먹고 우네

아침 찬바람에
오돌오돌 떨며 겁먹고 우네

꽃망울들 다치지 말고
가지 끝만 자르라 사정하네

가지치기 (2)

과수원 응달진 이곳저곳
아직도 눈 쌓여
차가운 이 아침

가까스로
올라 탄 사다리도
후들후들 떠는데

코앞 가지 사이
요리조리 성화하며
날아다니는 벌 한 마리

제 꽃 몽우리
왜 자르느냐
훼방 놓는 벌 한 마리

가지치기 (3)

잘려나가는 나무 가지 속살에서
아픈 녹색 피가 나오는데도

모진 마음으로 잘라내면서
참아라 달래 주는 건

좀 더 예쁜 꽃 피우라고
좀 더 소담스런 열매 맺어보라고

나무 시장

나무 시장 어린 묘목들
동갑내기 끼리끼리 묶여서
자기들 좀 어서어서 사 가라 눈길 끕니다

아직은 이른 봄이라
꽃샘추위에 오들오들 떨면서
어서어서 사다가 심어 달라 눈길 끕니다

기왕이면
한곳에서 태어난 자기 동갑내기들
한 주인 함께 살게 해 달라 눈길 끕니다

어린 묘목들 눈길 받은 우리 내외
동갑내기 묶인 매실나무 사들고 오는데
좋아서 흔들흔들 춤을 춥니다

풀 깎는 노인

역전 저 아래
시냇가 논둑에서
풀 깎는 노인이여

지난날 풀 베던 낫 생각하며
지난날 논밭 갈던 누렁이소 그리워하며
예초기로 풀 깎는 노인이여

어렸을 적
아버지 따라와 뛰놀던 생각나 잠시 쉬며
담배 한대 피워 무는 노인이여

이곳저곳 나가 사는 자식들 생각나
고물고물 거리는 손자손녀들 보고 싶어
혹시나 올까 역전 바라보는 노인이여

시골 기차역

빼꾸기 소리
바람결 보내주는 시골 기차역

우리 내외 기차 기다리고
배낭 속 매실도 기차 기다리고

우리 내외 방금 따온
농장 매실나무 이야기 나누는데

배낭 속 매실들 왜 아니 그리울까
떠나 온 매실나무 품안

앵두

농막 떠나와 기차 기다리는
시골 기차역

뻐꾸기 소리에 아스라이
하늘에서 졸음이 몰려오는데

아내가 철길 둑 밑에서
빨간 앵두 따다 한 옴큼 내미니

눈 안에 들어온 빨간 앵두
몰려오던 졸음 되돌려 보내주네

외로운 금붕어

농막 옆 자그마한 연못 속
빨간 금붕어 한 마리
혼자 너무 외로워

참붕어 미꾸리 송사리들
끼리끼리 친구들이며 제짝들
함께 노니는데

빨간색 금붕어 친구란
일 년에 딱 두 번 놀아주는
빨간 자두와 빨간 감

초여름이면
빨간 자두 연못물에 띄워주는
자두나무 세 그루

가을이면
빨간 감들 연못물에 띄워주는
감나무 두 그루

혹시나 꼬부랑할미 될까봐

허리 굽히고 힘겹게 일하는 아내
혹시나 꼬부랑할미 될까
도와주는 수밖에

아내가 고추 따니 나도 함께 따주고
아내가 고추 쪼개니 나도 함께 쪼개주고
아내가 고추 말리니 나도 함께 말려주고

찜통더위와 물탱크

농장에서 찜통더위
견뎌낼 수 있는 건
농막 옆 지하수 물탱크 덕분

열대야 더위 계속되는 새벽에도
뒷산 올라 올밤 줍고 내려와
시원한 물줄기로 땀 씻어내고 벌컥벌컥 마시고

바람 한 점 없는 오전에는 고추밭으로 가서
고랑 잡초들 호미로 뽑고 낫으로 쳐주고
시원한 물줄기로 땀 씻어내고 벌컥벌컥 마시고

햇볕 뜨거운 오후에는 그늘진 과수나무들 밑에서
과수나무들 기어오르는 칡넝쿨 잘라주고 나서
지하수 물탱크 속으로 풍덩 몸 던지고

누님의 전화

아내와 농장에 도착 고추 따고 있는데
누님에게서 온 전화

어디냐 묻기에 첫 전철로 농장에 와
고추 따고 있다 했더니

왜 사서 고생하느냐 뭣이 부족하다고
쉴 나이도 되지 않았느냐 야단하네

아내를 바꿔주었더니 아내에게도
아내 고생시키는 나를 꾸중한다네

왜 난들 모르겠나 누님 걱정하는 마음
하지만 어쩌나 아내도 좋아하는 걸

처음에는 힘들어했지만 이제는 나처럼
며칠만 안 와도 오고 싶어 안달하는 걸

여우비

여우비야
이 여름 한낮 맑은 하늘에서
찔끔 빗방울 뿌려주고 가는 여우비야

극심한 가뭄으로
타들어가는 밭작물 바라보며
한숨짓는 내 꼴이 그리도 고소하냐

알만도 하구나
조상님들이 왜 너의 이름을
그 얄미운 여우비라 지어주었는가를

김 노인네 타작하는 날

농막 아래 김 노인네 계단 논 타작하는 날
타작하는 농기계 소리 산골 울리고
놀란 산 까치 떼 소리 요란하네

아내와 아침부터 들깨 터느라 정신없는데
점심 때 되니 타작하던 김 노인 올라와
술 한 잔 하자 끌고 내려가네

서울 갈 차 시간 다가오지만
시골타작 인심 어이 뿌리칠 수 있는가
구수한 아욱국에 밥 말아 반주 한잔 들었네

우리 어렸을 적 벼 타작할 때는
벼 터는 께랑께랑 소리 요란도 했는데 지금은
기계가 몇 시간 만에 베고 털고 포장도 한다니

한데 오늘 웬일인가!
병으로 금주한 김 노인 날 불러 술잔 나누다니!
옛날 시골 인심 아직도 잃지 않은 김 노인

도토리나무의 초대

두 분 첫차로 도착 농막으로 가시는군요
어서 지름길 이 오솔길로 접어드세요
밤새 도토리들 많이 내려 놨어요

도토리들 다칠라
미리 깔아놓은 낙엽과 부드러운 풀숲 위에
떨어트려놓았어요

청설모나 다람쥐 걱정은 하지마세요
그들 몫은 낙엽 덮인 깊은 곳에
따로 숨겨두었어요

어머님이랑 이모님이랑
함께 와서 줍던 옛 생각 너무 하지마세요
지금 두 분은 하늘나라에서 잘들 계시니까요

자! 두 분 다 주우셨군요
농장일 마치고 돌아가실 땐 또 들려가세요
바람 불면 또 떨어트려 놓을 테니까요

수수이삭 (1)

산기슭 아래 바람 부니
수수들 잠깨어 허리 굽히네
이삭들 땅에 달락 말락 허리 굽히네

이삭들 힘 가다듬어 다시 일어서네
가는 허리로 바람에 맞서 다시 일어서네
태풍도 이겨낸 자랑하며 다시 일어서네

수수이삭 (2)

도랑 따라 길게
두 줄로 심은 수수들

알 많이 박힌 수수이삭은
고개 숙여 인사하는데

빈 쭉정이에 키만 큰 수수는
뻣뻣하게 하늘에 대드네

어쩌면 수수들도
사람들과 저리도 똑같을까

견공 누렁이 (1)

그 누가
이 견공을 산짐승 포획 죄로
고발할 수 있겠습니까

재작년에는 고라니 잡아
김 노인 따님 수술 후 몸보신 하게
주인 돕고

작년에는 또 오소리 잡아
지붕 일하다 떨어 진 이웃사람
약에 쓰게 도와주고

견공 주인 김 노인까지
동네에서 농사 망치는 원수 갚아줬다고
칭찬받게 했는데

이리도
사람보다 더 훌륭한 이 견공 누렁이를
그 누가 고발할 수 있겠습니까

견공 누렁이 (2)

그 누구인들
이 착한 견공 누렁이를
사람보다 못한 짐승이라 깔볼 수 있겠나요

자기 새끼 7마리나 젖 먹여 키우면서
이웃 얌체 검둥이 새끼 6마리까지 맡아
젖 먹여 키우니

글쎄 이 얌체 검둥이 어미는
제 새끼들을 물어다 누렁이 집에 넣고
빈둥빈둥 놀러만 다닌다니

그뿐인가요
그 얌체 검둥이가 놀다 들어오면
검둥이 몸에 붙은 벌레까지 잡아준다니

그러니 그 누구인들
이 착한 견공 누렁이를
사람보다 못한 짐승이라 깔볼 수 있겠나요

새 며느리에게

농장에 처음으로 온 새 며느리
이 감나무 밑으로 데리고 와서
잘 익은 감들 따주는 이유는

이 시아비가
따주는 감을 먹고
곧 태어날 아가가 잘 자라고 나면

이 할아버지의 아버지가 심으신
이 감나무 이야기 좀
들려주라는 것

갑자기 세찬 회오리바람이

산수유 따며
먼발치 은행나무 밑에서
은행 줍는 아내를 바라보네

은행잎들 늦가을 바람에 날리네
산자락 가리는 우람한 세 그루에서
노랗게 물든 은행잎들 날리네

이때 갑자기
세찬 회오리바람이
세 그루 은행나무를 몰아치네

아! 저 한꺼번에 쏟아져 내리는
한 순간의 황홀한 황금색 물결이
아내의 모습조차 숨겨버리네

인생길의 어느 순간 떠올라
산수유 따던 손길 멈추고
아내 찾아 은행나무쪽으로 뛰어가네

일석이조一石二鳥 (1)

먹구렁이도 아닌 주제에
먹구렁이 흉내내며

슬금슬금 밤나무 기어오르며
칭칭 감아 목조여 숨통 막는
저 고얀 칡넝쿨

오냐! 너 잘 걸렸다!
내 오늘 네놈 뿌리 뽑아 술 담가
저 가엾은 밤나무 살려 주마

일석이조一石二鳥 (2)

밭갈이 마친
고추밭 고랑에
낙엽들 옮겨 뿌려주네

작년 가을
갈퀴로
모아두었던

농막 앞마당 목련나무 낙엽들
과수원 입구 단풍나무 낙엽들
연못가 도랑의 도토리나무 낙엽들

이미
저세상으로 간 낙엽들이지만
보람 있는 일이라도 시켜주려고

고추들의 비료도 되어주고
여름내 풀과의 전쟁에서
풀 덜 나오게 날 좀 도와달라고

술꾼 두 노인

농막뒷산
소나무 숨통 조이고 있는
굵고 긴 칡뿌리 캐서

멧돼지라도
잡아끌고 내려오는 듯
기고만장한 저 두 노인

이 초겨울 날씨에도
땀 뒤범벅되었는데도
피곤한 기색 전연 없는 건

칡 씻고 잘라
기다리는 오지독에 넣어
칡술 담글 설렘 때문

된서리

까악 까악
농막 뒷산에서 우는 까마귀 소리
파란 하늘 울리고

온 들판 뒤덮은
허연 된서리에
선뜩 시려지는 가슴

이 아침 농장에는

이 아침 농장에는 전 노인 농막아궁이에 장작불 지피고
빨갛게 타오르는 불꽃은 그의 얼굴 녹여주며
굴뚝으로 오르는 푸른 연기는 하늘로 오르다가
눈 쌓인 뒷산자락 위로 기어오를 겁니다
이 아침 농장에는 들과 밭은 하얀 눈으로 뒤덮여있고
산에서 오르내린 고라니들 발자국 나 있으며
눈 덮인 땅속에는 며칠 남긴 입춘절기 느끼며
개구리랑 두더지도 깨어날 준비 할 겁니다

이 아침 농장에는 흰 띠를 두르며 흐르다 멈춘 얼어붙은 남한강 줄기
떠오르는 아침햇살에 은빛으로 반짝이기 시작하고
매실나무들은 가지치기 해줄 우리 내외 기다리며
발그레 꽃망울 맺힐 준비하고 있을 겁니다
이 아침 나는 매연과 소음으로 뒤덮인 도심 한가운데서
어머님 노환으로 못 내려감 아쉬워하면서도
봄을 기다리는 농장의 활기와 희망처럼
노모의 쾌유를 바라는 마음 간절합니다

겨울 노인

따끈따끈한 농막 구들방에 혼자 앉아 창밖으로
북녘 땅 두고 온 반 백 년도 훨씬 넘은 어머니 그려보고
앙상한 목련나무 사이 푸른 하늘에 옛 친구 얼굴 그려보고

얼어붙은 강물줄기 내려다보며 어렴풋 저승길 그려보다가
개 짖는 소리에 과수원 쪽 향해 왜 짖어대니 소리 지르고
소주 한잔 따르고 담배 한대 꺼내 물고

농막에 드리운 슬픔 (1)

인생의 끝막이에 심술부린다는 치매
그리도 무서운지 몰랐네
그리도 잔인한 줄 몰랐네

80된 전 노인으로 하여금
강아지 7마리 모두 굶어 죽게 했네
정신 들자 묻어주며 눈물 짓게 했네

간격 두고 심어야할 고추 모종
촘촘히 심어놓고 대견해 웃음 짓고
냉장고 음식들 썩어가는 거 몰랐네

치매란 걸 나중에 알고 가족에게 알려
병원으로 갈 때 나를 향해 원망하며
뭘 잘못해 내쫓는 거냐며 소리쳤네

30년 긴 세월
함께한 전 노인
나는 오늘도 그리워하네

농막에 드리운 슬픔 (2)

전 노인 떠난 후
혼자 남은 어미 개 누렁이
들개 되였네
낮에는 농막 뒤 참나무 밑 구덩이 속에서
전 노인 다니던 오솔길 내려다보며 기다렸고
밤에는 농막 앞에서 전 노인 신발 깔고 잠잤네

하도 불쌍해 이웃 김 노인에게 기르라 해도
누렁이는 3미터 간격을 두고 경계를 해
잡을 수 없었네
주말에나 내려가는 우리 내외 또한
서울 집으로 데려와 기르려 음식을 던져주어도
3미터 거리를 지켜 잡을 수 없었네

이따금 우리 내외 밭일할 때면
누렁이 우는 소리 들을 수 있었네
오솔길 내려다보며 목쉬어 우우하며 통곡했네
아랫마을 김 노인 집 털북숭이와는 사이가 좋아
거리를 두지 않고 얻어 먹으며 지내고 있어
하늘도 도우셨는지 그나마 다행이었네

농막에 드리운 슬픔 (3)

자두나무 세 그루 어울려
한 덩이 커다란 꽃구름 이루었네
우리 내외 새벽에 내려와 강낭콩 심고 있네

김 노인 집 어귀에 이르렀을 때
뛰쳐나와 꼬리치며 따라온 누렁이
3미터 거리 두고 우리 내외 지켜주네

누렁이는 이제 주인이 둘이네
우리 내외 서울 집에 있을 때 주인은 김 노인
우리 내외 농장에 있을 때 주인은 우리 내외

누렁이도 이제 슬픔일랑 떨쳐버렸는지
전 노인 기다리며 울던 울음 소리 그쳤네
하지만 2번째 봄인데도 3미터 간격은 변함없네

농막에 드리운 슬픔 (4)

누렁아 착한 누렁아 너는 알고 있구나
네 새끼들 굶어 죽게 한 건 전 노인이 아니고
몹쓸 치매라는 걸

그러기에 너는 목줄 풀려 살아남아 들개 되어
낮에는 전 노인 기다리며 구슬피 울어댔고
밤에는 전 노인 신발 배에 깔고 농막 지켰구나

누렁아 착한 누렁아 너는 알고 있구나
개장수까지 불러 너를 잡아 달라한 건
네가 가여워 서울 집으로 데려가 기르려한 걸

그러기에 전 노인 떠난 후 두 번째 봄에도
우리 내외 새벽 전철로 내려오면 어김없이 나타나
꼬리치며 농막까지 따라와 지켜주고 있으니

노부부 희망의 노래

쨍그랑 쨍쨍 쨍과리 소리
마을 사람들 왁자지껄 떠드는 소리
북치고 장구 치고 야단법석
새길 열어준 첫 전철 타고 내려와
첫 전철 개통식에서 마신 막걸리 서너 잔에
얼씨구절씨구 못 추는 춤이라도 추어볼까

해가 갈수록 기력 떨어져
그만둘 걱정에 밤잠 설치던 우리 내외
다시 마음 가다듬어 일할 수 있겠구나
이제는 꼭두새벽 일어나 농장 오느라
첫차 타고 서너 번 환승하지 않아도 되고
버스 기다리는 지루함도 벗어났구나

이제는 서울 집 가는 막차 놓칠까
해가 아직 서산마루 가려면 멀었는데도
허겁지겁 역전으로 뛰어가지 않아도 되겠구나
이삼일에 한 번 내려와
농사짓는 우리 노부부 이 얼마나 좋은 일인가
얼씨구절씨구 못 추는 춤이라도 추어볼까

제4부

불암산이여

봄꿈

겨우내 집안에서
농장 뒷산자락 빵 둘러 피워줄
붉은 진달래 꽃 꿈꿀 때

농장 개구리들도 흙 속에서
푸르른 합창으로 뒤덮을
물찬 논고랑 꿈꾸고 있을까

나비와 영산홍 꽃

창밖 테라스
영산홍 꽃 몽우리 더미 중
먼저 핀 저 두 꽃송이

혹시 영산홍 꽃 나라에서
나비 소식 전하라
먼저 보낸 건 아닐까

까치와 철쭉꽃

호들갑스레
아침 창문 뚜드리는
목쉰 까치 소리

눈 비비며 나가보니
5층 테라스 화단에
활활 타오르는 빨간 철쭉꽃

고맙구나! 불난 줄 알고
골프장 쇠막대 꼭대기에서
알려준 까치야!

하기야 이런 도심에서
년 중 한번 피는 철쭉 보고
어찌 놀라지 않았겠느냐

표주박

누님, 이 아침
농장으로 내려오는 길에
표주박 모종 사 가지고 와 심었습니다
지난날 어머님 생신에 오시어
고향 표주박 이야기 나누시던 생각나
농장 연못가에 심었습니다

그 옛날 어렸을 적 고향 살던 시절
뒤꼍 샘물가 샘물 표주박
뒤꼍 장독대 간장 표주박
할아버지 백부님 삼촌들
밭일하고들 오시어 떠마시던
부엌 술독 속 막걸리 표주박

어머님과 누님 두 분 나누시던 말씀대로
표주박 열려 늦가을 익으면
바늘로 콕 찔러 단단하면 따서
올망졸망 표주박 만들어
줄에 꿰어 보내드릴 테니 벽에 걸어두고
그 옛날 고향 생각나면 쳐다보세요, 누님

꽃소식

농막 앞 하얀 목련꽃몽우리 맺혔다는
과수원 연분홍 매실 꽃 반쯤 피었다는
뒷산자락 진달래 붉게 물들어간다는

전화로 받는 꽃소식
치유의 향기라도
날려 보내주었나

도심 한구석에서
이런저런 걱정 휘감겨 어두웠던 이 마음
어느새 맑고 밝은 꽃 속에 들어있으니

농막 뒤 도랑물 소리

베개에 얼굴 파묻고
꿈나라로 가려하는데

농막 감아 흐르는
뒷산 산자락
도랑물 소리

온종일 들어주었으면 되었지
전철과 버스 타고 떠나온 나를
집까지 따라왔나

뒷산 온갖 새소리들까지 데려와
잠 못 들게 하다니

불암산이여

어제 비구름 덮였을 땐
온종일 어디를 다녀오셨기에
보이지 않으시더니

이 아침 푸른 하늘 아래
진초록 머리 곱게 빗으시고
반가운 인사 보내주시나요

목련꽃 지네

목련꽃 지네
따사로운 봄볕 더 누리다 가지
무어 그리 바쁘다고 꽃잎들 지네

단 보름만의 꽃단장으로
미련이라는 아쉬움 남겨준 걸로
제 할 일 다 했다고 꽃잎들 지네

명년 봄
또 단 보름만의 꽃단장 위해
떨어지는 목련꽃잎들

불어대던 꽃샘바람조차 안쓰러워
살포시 살포시 안아내려
바닥에 뉘워주네

석류나무 위로

알아요 그대 슬픔을
겨우내 죽어버린 내 모습 보시고
어루만져주시던 그 손길의 슬픔을

알아요 그대 기쁨을
뿌리로나마 내민 새싹 보시고
슬픔을 환희로 바꾸시던 그 기쁨을

알아요 그대 마음을
나로 인해 위로받은 고마움으로
새싹 무럭무럭 크기 기다림을

그러니 좀 더 기다려주세요
내 열심히 키워 빨간 석류 열려
그대 성공 축하해 드릴게요

행복한 도심 속 자연

이 5층
테라스 텃밭과 화단은
우리 가족 흙 올려 만든 곳

어머님 텃밭은 불암산 보이는 동쪽
조석으로 부처님바위 바라보시며
물 주시던 곳

아내의 채소밭은 남쪽 창 아래
시어머니에게서 하나둘 배워가며
달래 상추 쑥갓 들깨 심는 곳

나의 화단은 두 텃밭 중간
앉은뱅이 소나무 주목나무 연산홍
키들 클까 매년 봄 머리 깎아주는 곳

허지만 뭣보다 5층 텃밭과 화단은
반가운 벌 나비 참새 비둘기 까치들
철따라 찾아주는 행복한 도심 속 자연

새벽 빗소리

농장으로 떠나야할 이 새벽
창문 뚜드리는
요란한 빗소리

창문 열고 테라스 내다보니
얼마나 오래 기다린
굵은 빗줄기인가

농장 갈 생각 접고
가벼운 마음으로 잠자리에
다시 누우나 잠은커녕

이 비 맞으며 춤추고 있을
밭작물들과 과수들 생각에
콧노래까지 나오네

얼마나 기특한가

비 그치자
테라스로 나가보니

빗물 흠뻑 머금은 호박꽃들
햇볕에 몸 말리고 있네

넉넉지 못한 이 테라스 흙이라
싱그러운 호박은 못 열려주지만

얼마나 기특한가 그 옛날 고향집
돌담 위 호박꽃 보여주니

테라스 화단과 텃밭에 물을 주네

농장 다녀오느라
이틀 간 물 못주었더니
야단들 났네

여기 저기서 목 탄다고
시골농장만 제일이냐고
우리는 물 안 마시고 사는 줄 아냐고

그래 그래 미안하다
호수로 차례대로 물 줄 테니 기다리거라
달래가며 물주네

우선 동쪽 창가 텃밭에 물 뿌려주니
오미자와 오이넝쿨 벌컥벌컥 물 마시며
아! 이제 살겠다! 고마워하네

물 마시는 걸 보고 있는
건너편 축 늘어진 머루넝쿨
침 삼키는 소리 내 귀에 들리네

화단의 철쭉꽃 함박꽃 모란꽃들
왜 그리 꾸물꾸물 더디냐고
빨랑빨랑 오라 재촉하네

북쪽 텃밭의 채소들은 기진맥진 축 늘어져
이쪽 쳐다보지도 않고 고개들 떨어트리고
아예 눈감고 있네

전 노인과 비 소식 (1)

먼동도 트기 전
혹시나 밤새
비라도 아니 내렸나 궁금해

창문 열고 내다보니
테라스바닥 젖은 것 같아
전화 걸어 물어보니

농장 전 노인도
밤새 잠 설치며 비 오기
기다렸다며

새벽 4시경
이슬비 뿌리다 말았다고
화풀이하듯 퉁명스레 대답

타들어가는 밭곡식들
직접 눈으로 보고 있으니
얼마나 속 타면 저럴까

전 노인과 비 소식 (2)

전 노인 오죽 좋으면
비 맞으며 막힌 물고랑 뚫어준다
거나한 목소리로 전화해줄까

속 태우며 기다리던 빗줄기 쏟아져
고추밭 고랑에 물 차이고
과수들도 생기 되찾는다고

전 노인 오죽 좋으면
술 한 잔 하고 소나기처럼
거나한 목소리로 전화해 줄까

음력 삼월삼진날이면

음력 삼월삼진날이면
찾아오던 제비들
다들 어디로 갔나
그 옛날 동화 속
흥부네 집으로 갔나

공기 맑은 시골
어느 집 추녀밑에서도
제비들 보이지 않네

전깃줄에 조르르 몰려 앉아
구슬치기 딱지치기하는
아이들 내려다보며

지지배배 지지배배
노래 불러주던 그 제비들
다들 어디로 갔나

테라스의 개구리

꽈꽈꽈
또 우는구나
비 올듯하니 또 우는구나
태어난 농장 연못가 그리워 우느냐
짝 그리워 우느냐

어쩌다 내 어린 손자에게
올챙이로 잡혀와 개구리 되어
오늘도 그리 울어대느냐
이사해 가뜩이나 보고 싶은 손자
더 그립게 하느냐

이 5층 테라스
포도넝쿨에 숨어 우는
개구리야 말 좀 해다오

시골 논고랑 개구리는
개골개골 우는데 왜 넌 꽈꽈 우느냐
공해로 목이라도 쉬었느냐

아욱죽 (1)

이 아침 아내가
오랜만에 식탁에 올린
아욱국 냄새 맡으니
어머님 생각나네
유별나게 아욱국
좋아하시던 어머님

이곳 상계동으로 이사 오셔서도
테라스 북쪽 조그만 텃밭은
어머님의 아욱 밭
돌아가시기 한 해 전에도 이른 봄날
실파 씨를 아욱 씨로 잘못 아시고 심으셨다가

실파 새싹이 나오는 걸 보시고
아까워 실파 자라기 기다리셨다가
늦게 다시 아욱 심어 잡수실 때
중복 날 아욱국 들기는 처음이라시며
씁쓸하고 질기지만 괜찮다며 웃으시던
그리운 어머님

아욱죽 (2)

키만 큰 테라스의 아욱들
창문으로 내다볼 때마다
눈 마주치네

가지마다 하얀 꽃망울 매달고
가냘픈 허리 바람에 하늘거리며

잊지말라 하네
어머님 살아생전 쒀주시던 아욱죽

정성 다하여
씨앗 맺어줄 테니
내년 봄에도 심어달라고

더덕넝쿨

5층 테라스 자그마한 화단에
더덕넝쿨 올라가네
더덕 넝쿨 보니 생각나는 아버님
어릴 적 고향 조상님 산소 벌초 따라가면
조무래기 아들과 조카들에게
너희들은 산 더덕이나 캐며 놀거라 하셨는데

이젠 내 자식들이
어느새 그들 자식들에게
같은 말하는 세월 지났다니
아버님 그리워
더덕꽃 어루만지며
아버님 그리워하네

고마운 까치야

골프 연습장 높다란 쇠막대 위에서
목 쉬워 우는 까치야
시골 들판 미루나무 꼭대기로 가서 집 짓고 살지
저 가까운 불암산이나 수락산으로 가 집 짓고 살지

딱딱 공치는 소리에 깊은 잠인들 들 수 있느냐
골프공 철렁 그물 가르는 소리 겁도 안 나느냐
보금자리며 먹거리 다 빼앗아 간 이웃들인데
어찌 그 곁 떠나지 않고 머물러 지내고 있느냐

혹시나 아직도 반가운 손님 오신다는 소식
이웃에게 알려주려는 타고난 소명감 때문이냐
아니면 제비들과 산새들 떠난 고적한 이 마을
너라도 지켜주려는 때문이냐
고마운 까치야 하기야
너마저 떠나면 이 삭막한 도심 얼마나 허전할까

전수傳受

올망졸망 장독들
평생 하나둘 사 모으시고
애지중지하시다

이 오층까지
옮겨놓으시고 가신 어머님

어머님 정성 이어받아
방금 전 소낙비에 씻겼는데도
마른 수건으로 닦아주는 아내

어찌 이리도 맛있을까

이 옥수수
어찌 이리도 맛있을까

이 세상 태어나서
이리도 맛있는 옥수수
처음 먹어보네

우리 내외
처음으로 밭갈이해 심어
처음으로 따온 옥수수라 그런가

땀 흘려 심어 걷어들이는 동안
깊은 정이라도 들어 그런가

우울한 서재書齋

꽃잎들만 쌓여가네
꽃송이는 하나 없고
향기 없는 꽃잎들만 쌓여가네

새로운 인생의 꽃밭 가꾸려
환갑 나이부터 밤낮으로
정성 다했건만

못난 꽃잎나부랭이들만
작업실 천정 벽 책상 그리고
책장 속에 쌓여만 가네

아! 하기야 꽃잎들이여
그나마 새로운 시작 아니었다면
그대들 어이 만날 수 있었겠냐만

가책苛責

밖에서 추워진 날씨에 떨고 있는
화분의 난초 안쓰러워
마루 안으로 옮겨주면서

미안하다 난초야
농막 뒷산에서 캐오지 않고
그냥 놓아두었더라면

아무리 추워도
쌓인 갈잎 속에서 얼굴 내밀고
산 냄새라도 맡으련만

반쪽으로 나눠

집안 행사에는 늘 우리 내외 동행이었는데
오늘만은 어쩔 수 없이 반쪽으로 나눠가네

아내는 아내 동생 남편 생일집에 가고
나는 내 동생 남편 생일집에 가야하네

하필이면 두 분 생일날 겹칠 게 뭐람!
일 년 한번 생일에 어느 한쪽 빠질 순 없고

청국장

같은 콩꼬투리에서 나온
같은 콩들인데

어찌 청국장과 된장 맛
이리도 다를까

얼마나 자랑스러운가
우리 조상님들의 지혜와 슬기

오늘 아침엔
오랜만에 청국장

여보! 공기 밥 하나 더 주소!
청국장은 밥도둑이라니!

시어머니 닮아

아내도 시어머니 닮아
김장김치 사다 먹는다는 건 어림도 없는 일
시어머니가 하셨듯이 휴일 택하여
연중 집안 큰 행사로 삼고
온 식구들 오게 하여
아침부터 저녁까지 온 집안
아들 며느리 손주들로
왁자지껄 시끌벅적

온종일 시어머니 되어 네 며느리 진두지휘
김장 다 담그고 난 후
네 아들네 일 년 양식 김치 통들 들고
가까운 제 집으로 다들 떠난 후에도
하루 종일 쌓인 피곤 풀 생각 않고
자식들 가져간 김장 맛 좋기를
지난날 어머님처럼 걱정만하는 아내

딸 노릇하는 며느리

막내며느리
시어미 머리 염색해주는 걸 보고
당신 호사하는구려 말해주니

아내
그렇군요 대답해주며
활짝 웃어 얼굴 주름 펴네

왜 아니 좋겠나
아들만 넷 딸은 없지만
막내며느리 오늘 딸 노릇해주니

모기 한 마리 잡고

모기 한 마리 잡고 아내 들으라
모기 잡았다 소리쳐 알려주네
그것도 날아가는 모기가 아니라
벽에서 잠자고 있는 놈
손바닥으로 쳐서 잡고서도

마치 농사 망치는 멧돼지라도
맨손으로 한 마리 잡은 것처럼
소리쳐 자랑하네
모기향 펴놓고 자도 물리고
얼굴 뒤집어쓰고 자도 물리고
얼마나 밤마다 물려 약이 올랐으면

웬만한 남편 말에는 무표정하던 아내
이 소리에는 잠자던 눈 번쩍 뜨고
장하다는 웃음까지 보내주니
내 어찌 잠신들 한눈 팔 수 있겠나
눈에 걸리는 모기 잡는 걸로라도
자랑거리 없는 남편 노릇 대신해야지

참는 이유

문 열고 들어서면
농장에서 옮겨온 술항아리 3개
속 보이며 와락 반기면서

나 익었어요, 나도 익었어요
나는 더 잘 익었어요
서로 제 술맛 좀 보라하네

침은 꿀꺽 넘어가지만
집에 와서도 농장 그리는 마음에
퉁명스레 좀 참아 달라 말해주네

찔레꽃 좀 더 보고
모과꽃 좀 더 보고
산수유꽃 좀 더 보고

메주 쑤는 날

허리 아픈 아내
극성떨며 삶아놓은 메주콩
내가 찧고 있네

난생 처음
김 무럭무럭 나는 삶은 콩
손 절구통에 넣고 내가 찧고 있네

어머님 가신 후
어머님한테 배운 대로 장담아
자식들에게 나눠줘야 한다는데

어쩌겠는가
가부장 체면 벗어던지고
아내 위해 내가 찧는 수밖에

호떡과 찐빵

어제 어느 노점상 여인
하도 정성스레 굽는 호떡 보고 옛 생각나
아내에게 호떡 먹고 싶다 말해주었는데

오늘 저녁 식탁 위에 이게 웬 찐빵!
따끈따끈한 찐빵 호호 불며 반 쪼개니
속에는 가득 찬 검붉은 팥고물

엊저녁 호떡 먹고 싶다 했는데 웬 찐빵이요
묻기도 전에 아내가 말해주네
당신이 금년 처음 심어 걷은 팥이에요
당신 당료 때문에 설탕도 안 넣었어요
옛날 당신 어머니한테서 배웠지요

내 무슨 할 말 있겠는가
아내의 배려에 고맙기만 하고
어머니 추억까지 불러주어 더 고마운데

첫 눈송이

오늘 아침 보았네
하늘에서 내리는
첫 눈송이

처음엔 몰랐네 첫 눈송이인 줄
뒤이어 내리는 눈송이 보고야
첫 눈송이란 걸 알았네

하늘에서 눈송이들도
우리네 아가들처럼
순서가 있는가 보네

정지된 풍경

감기몸살 가시지 않은
으스스한 몸으로 베란다 창밖
무심코 내다보니
바람도 추위에
어디엔가 숨어버렸나

아파트 굴뚝 흰 연기
수직으로 오르다가 멈춰 서있네
하늘도 추위에 그 자리에
꽁꽁 얼어버렸는가

불암산 수락산 봉우리에
파랗게 질린 얼굴
파묻고 있으니
이때 어디선가 날아든 참새 가족
얼어버린 내 눈동자에
삶의 진행 일깨워주네

동지팥죽 (1)

식탁 위에 놓인
동지팥죽 속 옹심이알

원래 나이 수만큼
먹는 거라지만

내 나이만큼 먹다가는
검붉은 팥죽으로

역신을 쫓기는커녕
당하기 십상일 것

동지팥죽 (2)

동짓날이라고 식탁에 올려 진 팥죽
깊은 맛은 없지만 맛없다는 말
입 밖에도 낼 수 없네

험하고 험한 고난
끝내 견디고 올라온 팥죽인 걸
알고 있기 때문이네

노란 꽃 필 무렵 고라니란 놈들
뒷산에서 내려와 뜯어먹어
부랴부랴 울타리 쳐 막았고
밀어닥친 세 번에 걸친 태풍과
일찍 내린 서리로 반 쭉정이 됐으니

한입 떠 넣으며 아 맛있다 말해주네
내 지난날 좌절의 사업 시절 생각나
아 맛있다 말해주네

동지팥죽 (3)

동짓날이라고 팥죽 쑤어
남편 몫 한 그릇 식탁 위 올려놓고
의정부 동생집 간 아내

몸져누워 지내는지 오래된 동생
동짓날이면 팥죽 기다린다고
서둘러 떠난 아내

팥죽 먹고 못쓸 액운 훌훌 털고
제발 일어나 다녀보라고
따끈한 팥죽 한 냄비 들고 떠난 아내

세 이랑이나 씨 뿌려 노란 꽃 필 때
고라니란 놈들 내려와 다 뜯어먹어
울타리 두르고서야 그나마 건진 한 됫박

팥꼬투리 딸 때마다 동생 생각했겠지
팥 깍지 깔 때마다 고라니 원망했겠지
지금쯤 두 자매 그런 이야기 나누고 있겠지

크리스마스 캐럴

거리의 크리스마스캐럴
내 나이 줄이고 또 줄여
푸르던 시절로 데리고 가네

눈 내리는 고교시절 등교 길
왼쪽은 플라타너스 가로수
오른쪽은 창덕궁 돌담

재잘거리며
등교하는 여학생들 사이 혹시나
그 소녀 만날까 설레던 그 소년

거리의 크리스마스캐럴
내 나이 줄이고 또 줄여
푸르던 시절로 데리고 가네

폭설과 장독들

하늘 가득
땅 가득
온통 하얀 눈뿐이에요

테라스 올망졸망 장독들
쓰고 있는 흰 눈 모자
점점 더 높아져요

아침나절 반 뼘
점심나절 한 뼘
저녁나절 두 뼘

꼬맹이 항아리들
바닥에 쌓인 눈과
모자 눈 속에 빠졌어요

중간 독들 허리띠만 보이고
키 큰 독들은
배만 불룩해요

칡술 오지독

농막 샘터 옆
오리나무 밑에 묻어놓은
칡술 오지독

겨우내
눈 내려 쌓이는 소리 들으며
칡술 익어가는 소리 들으며

칡 캐다 술 담근 두 노인
밭 갈러 내려올 봄
기다리고 있겠지

부부일심동체夫婦一心同體

부부일심동체라는 말
나이 들어서야 이루어지는가 보네
나이 드니 직장도 그만 두게 되고
자주 만나던 친구 모임도 뜸해지고
등산이고 낚시행도 힘에 벅차지고
아내와 함께하는 시간만 늘어나니
이제야 자연스레 부부일심동체로
돌입하는 게 아닐까

오늘 아침만 해도 풋고추 된장찌개 생각했더니
아침 식탁에 올려주고
오전만 해도 테라스 호박넝쿨 줄 매줄 생각했더니
미리 옥상으로 올라가 줄 내려놓고
오후에는 내일 농장 내려가 고추 따 올 생각했더니
배낭 꾸려놓네

하! 이거야! 원 참!
도대체 내가 아내인지 아내가 나인지 구별 안 되네

노구동심老軀童心 (1)

추석 차례상에 올려드릴
갓 떨어진 알밤도 줍고
녹색점박이 빨간 대추도 따고

또 이제
사다리 놓고 노랗게 익은
황금 단감도 따고 있으니

추석날 아침 오실 부모님
묘목 길러 딴 열매들 보시고
대견타 칭찬해 주실까

노구동심老軀童心 (2)

동해바다로
가족들 데리고
해맞이하고 돌아온 아들에게

아직도 그 옛날
이맘 때면 데리고 다니던
그때 그 아들인 줄 알고

떠오르는 해는 보았느냐
무얼 기원했느냐는 건
물어보지 않고

경포호에서는
지금도 얼음낚시 하더냐
향호지에서 숭어 떼 보았느냐

노구동심老軀童心 (3)

아들 넷
낚시들 다녀와서
이야기들 나누는데

옆에서 듣고 있던 어린 손자
나도 데리고 가지요 하고
제 애비에게 원망할 때

감기몸살 앓는
할아비도 맘속으로
나도 데리고 갈 것이지

나이 많은 할아비
나이 어린 손자 되어
노구동심

제5부

어린이보다 더 착한 어른 계시면

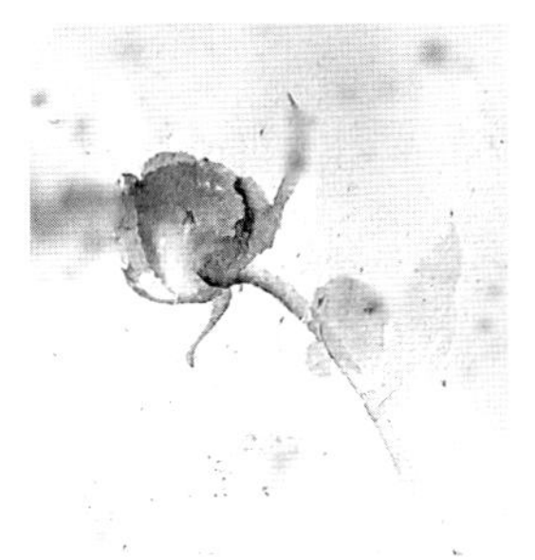

어린이보다 더 착한 어른 계시면

어느 노스님
어린이날 법문 자리에서
어린이보다 더 착한 어른 계시면 손들라하니
아무도 없습니다

어린이의 맑은 마음에는 티 한 점 없는데
다만 어른들이 때를 묻혀 준답니다

어린이의 눈동자는 아름다운 것만 보는데
다만 어른들이 추한 걸 보여 준답니다

어린이의 귀는 자연의 노래만 듣는데
다만 어른들이 나쁜 말들 들려준답니다

모든 어른들 오늘만 말고 일 년 열두 달
어린이를 배우며 사랑하라 하십니다

늘어난 가족

두 내외 살던 집
적막강산이더니

아가 손녀딸 달린
막내아들네 이사 오니

재롱떠는 아가 소리
온종일 산새 소리

자나 깨나 온 집안
맑은 옹달샘 소리

아가는 부처님

아가는 잠들어 있습니다
아가의 잠든 얼굴 들여다 봅니다
할아비는 아가가 부러워졌습니다

아가야 너는 참 좋겠다
너는 욕심이란 게 없고
너는 화 낼 줄도 모르고

너는 그저 배고프면
젖 달라 엄마 찾아 울면 되고
엄마만 보면 좋아서 방긋방긋 웃고

아가야
너는 산란한 마음이란 아예 뭔지도 모르고
너야말로 부처님 가르침 모르는 게 없구나

아가의 첫 나들이

아가야
오늘이 네 첫 나들이라는구나
세상에 태어나 첫 나들이라는구나

아직은 이른 봄
산수유도 개나리도 몽우리 웅크린 채
추위에 오들오들 떨고 있는데

아가야
엄마 품에 폭 안겨 왔지만
얼마나 추웠느냐 예쁜 내 손녀딸아

아가의 말

두 돌도 안 된 아가가 말을 합니다
엄마 아빠도 하버지 하머니도 부르고
전화기 들고 무어라 지껄입니다

아가의 말하는 게 신기롭고 예뻐서
온 집안 웃음꽃 온종일
떠날 줄 모릅니다

할아비인 나도 아가보다 못합니다
어제는 동생에게 싫은 소리하고
떠난 후에야 후회했습니다

가시 돋친 말을 하는 어른들은
아가들에게서 배워야겠습니다
그래서 모두를 기쁘게 해야겠습니다

손녀딸과 피아노

어린 손녀딸 와서 피아노 칩니다
제 이름 잊고 있던 피아노 이제야
제 이름 찾아내 제소릴 냅니다

적적하던 테라스 화단 장미꽃들
모처럼 들려나오는 피아노 소리에
활기 찾았습니다

장미꽃들 매무새 고쳐가며
가시 곤두세워 향기 뿜어내어
마루 안으로 날려 보내줍니다

어린 손녀딸 피아노 소리 듣고
마루 안으로 들어온 장미 향기
우리 두 내외 말문도 터줍니다

막내손자

모처럼 찾아온 막내손자
늘 만나면 하던 버릇대로
할아비 무릎에 앉네

무릎이 아픈 할아비 힘들어
어! 소리 지르니
얼른 무릎에서 내려서네

몇달 만에 우리 손자 이리 컸구나
대견하고 마음 흡족 하면서도 한편
세월의 빠름 실감하네

색종이접이 선물들

서재 책상머리 이곳저곳
손녀딸 올 때 마다
몇 자 적어 놓고 간

노란 바구니접이
바다색 바람개비접이
날아가는 하얀 학접이

할머니, 사랑해요
할아버지, 담배 끊으세요
색종이접이들

서재에 들어오면 언제나
어두운 그림자 쫓아주는
색종이접이들

밤새 흰 눈이 내려주었네

일찍 잠깼으나
혹여나 잠든 아가들 잠깰라 누워 있다가
조심스레 마루로 나와 창밖을 내다보니

밤새 눈이 내려 쌓였네
머나먼 독일에서 날아와 잠자는 아가들
아직도 꿈나라에 있네

2살 5살 되던 해 떠난 아가들
그간 5년이라는 세월에 몰라보게 컸지만
할아비에게는 아직도 아가들이네

하늘도 내 손자 손녀 온 걸 축하해
아가들 잠든 밤새 하얀 눈 내려주었네
아가들 곤한 잠 깰라 소리 없이 내려주었네

해맞이 달맞이

아들 내외
새해 해맞이 가자고
손자 손녀 데리고 왔네

노부부 갈 기력 없어
두 손으로 손자 손녀 얼굴
차례로 감싸주며 말해주네

이 얼굴이 우리 해님이지
이 얼굴이 우리 달님이지
잘들 다녀 오거라

어린이날

나이 들면 노인도
아이들로 돌아간다더니
그런가 보네

오늘은 어린이날
손자 손녀 다 제 부모 따라
놀이터 갔을 텐데

만나본 지 며칠 된다고
오지 않을 손자 손녀 보고파
기다리고 있으니

빨리 보고 싶은 마음 때문

새벽부터
농장으로 내려오는 길에
사 가지고 온 15가지 모종들

다 심자면
온종일 걸려도 힘든 일
반나절 걸려 끝낸 건

오늘이 어버이날이라
몰려온다는 손자 손녀들
빨리 보고 싶은 마음 때문

곶감

얼마나 달기에 그 옛날 동화 속
호랑이 온다 해도 계속 울던 아기
곶감 줄게 하니 울음 딱 그쳐
문밖에 와서 엿듣던 호랑이
겁나 도망치게 했을까

나 오늘 농장에서 따온 감들
잘라온 싸리나무에 꿰어 곶감 만드네
지난날 아버님
손자들 칭얼대면 꺼내 달래주시던
그 곶감 만드네

지난날 아버님에게서 배운 대로
나도 손주들 주려 곶감 만드네
우리 손주들 동화 속 아기처럼
할아비 만든 곶감 맛있게 먹어줄까

이모 집 가는 길

막내아들 차속에서 오랜만에
손녀딸과 손자 재롱 즐기며
이모 집 가는 길
10살 난 손녀딸
그곳 가면 꽃씨 있나요
학교 숙제 하게요, 묻기에

그래 할아버지 이모 집에는
앞마당 넓은 밭이 다 꽃밭이라
여러 가지 꽃씨 많이 주실 거야
6살 난 손자는 제 할미에게
거기 가면 왕개구리 있나요
잡아다 기르게요 묻는데

그 왕할머니 집 앞 개울에는
개구리도 올챙이도 많다고
할미는 대답해주고
모처럼 막내아들네 식구와
이모 집 가는 길
귀여운 손자 손녀 재롱 보며 가는 길

세월

엄마 품에 안겨
잠시도 떠날 줄 모르던 손자 놈

유치원에 다니더니
이젠 엄마 품 떠나
애비만 졸졸 따라 다니네

자식 하나 뿐인 애비
자식 대견스럽기만 해
노는 날이면

할미한테도 데려 와 인사시키고
사무실에도 데려 가 구경시키고
마트에도 데려가 장난감 사주고

그러나 할아비 혼자 속으로는
저놈도 내년 초등학교 들어가면
애비도 몰라라 친구들만 찾겠지

신발 두 켤레

글피면 가서 만날
손녀와 손자에게 줄
신발 두 켤레

한 손에는 손녀딸 줄 분홍색 운동화
또 한 손에는 손자 놈 줄 파란색 운동화
두 켤레 양손에 들고 만지작거리는 할미

손자 손녀도 먼 나라 독일에서
글피면 만나볼 할미와 할아비
기다리고 있겠지

아니 글쎄

아니 글쎄
고놈이 글쎄
유치원 다니는 고놈이 글쎄

남자 대표로 나가서
영어로 연설을
했다네 글쎄

하도 기특해서 이 할아비
고놈 좋아하는 팽이 하나
사 줬다네 글쎄

땅콩과 고구마 선물

어제 저녁
6살 된 손자 놈
전화 해주기를
유치원에서 선생님 따라
어느 농장에 가서
땅콩과 고구마를 캐왔다네

어린 손자 전화만 받으면
할아비 또한 동심으로 돌아가
먹고 싶다 했더니
오늘 아침 손자가 졸라댔다며
땅콩 열 개와 고구마 두 개를
아범 편에 보내주었네

우리 두 내외 웃으며 하는 말
어쩌다 우리가 어느새
막내손자 선물까지 받게 되었담!

칡 쪼개기

7살 손자와 할미 둘이서
굵고 긴 칡을 붙잡고 있으면
할아비 톱으로 토막 내고

잘라낸 토막 칡 세워놓고
손도끼 올려놓으면
7살 손자 내려치고

할미 할아비
잡아주는 두 손 모르고
반씩 쪼개지는 칡 보고

천하라도 얻은 듯
의기양양한 천진스런
7살 손자

7살 손자와 황률

유치원에 들어간
7살 손자 다니러 와
할아비 황률 만드는 걸 구경하네

작년가을
농막 뒷산에서 주워와
한겨울 베란다에서 말린 알밤들

자그만 절구통 속에서
할아비 내려치는 자그마한 절구에
벗겨지는 노란 황률들 들여다보네

노란 황률 하나 집어주니
절구통 속 밤벌레 한 마리 보고 놀라
도망쳐 멀찌감치 떨어져있어

할아비 한 알 입에 넣고 오물거리니
그래도 사내놈이라고 얼른 다가와
하나 달라 손 내미네

생일 선물

할아비 생일이라고
아빠 엄마 손잡고 온
나 어린 손녀딸과 손자

10살 된 손녀딸
생일 선물로 건네준 건
편지 쪽지와 사탕 한 알

6살 된 손자 놈에게
너는 하고 손 내미니
깜빡 했어요

짓궂은 할아비
그럼 넌 꿀밤 세 대 했더니
얼른 머리 들이대는 사내 대장부

못준 세뱃돈

멀고먼
독일 가 살고 있는
셋째아들 전화

새해 건강하시라고
예주와 민주도 설날 맞아
한복으로 갈아입혔다고

얼마나 예쁠까
때때옷 입은 우리 손자 손녀
보고 싶은 마음

하지만 어쩌나
금년 말에는 돌아온다 하니
기다리는 수밖에

7년간 못준 세뱃돈
한꺼번에 주어야겠다고
다짐해보는 할아비 마음

꾸러기 두 손자 입학식 날

꾸러기 두 손자 놈
입학식날도
말썽 부리네

두 놈 하필이면 오늘
한 날 한 시 입학식이라니
몸 나눠 갈 수도 없고

에라 모르겠다
다음에 오면
장난감이나 사주는 수밖에

귀염둥이 손주들

방학 했으니 귀염둥이 손주들
몰려 올 때도 되었는데
크리스마스 때도 안 오고
연말도 다가오는데
왜들 아직 안 올까 중얼거릴 때

호랑이도 제 말하면 온다더니
떠들썩 들어서는 귀염둥이들
하지만 작년까지만 하더라도
품안으로 안겨들던 손주들
이제는 학생들이라고 달라져

손자 놈들은
태권도 시범 보이고
손녀딸들은 동화책 읽고 있네
대견스레 바라보면서도
어쩐지 멀어져가는 것 만 같아
허전해지는 할아비 마음

손녀딸과 달걀가지 씨

초등학교 들어간 손녀딸과
시골 이모에게서 받아온 가지 씨
고사리 같은 손으로
화분에 심어 기르더니
이게 웬일!

보라색 가지는커녕
하얀 동그란 달걀들
올망졸망 열려
울상 된 손녀딸
어떻게 해요
학교숙제는 가지인데요

난처해진 할아비
참 이상도 하구나
이파리는 틀림없이 가지인데
하지만 얼마나 예쁘냐! 선생님께
달걀가지 씨라 말씀 드리거라

말춤 추네

9살 된 손자 말춤 추네
크리스마스 날이라고 식구들 따라와
말춤 추네

미국 대통령 오바마도 추고
반기문 유엔 사무총장도 추고
전 세계 사람 즐겨 추는 말춤 추네

팽이 하나 사 준다하니 더 신나
오빤 강남스타일 노래까지 부르며
말춤 추네

적적하던 우리 두 내외
손자 놈 재롱에 손뼉 치며
즐거운 크리스마스 날 저녁 보내네

새해 인사

멀고먼 독일에서 전화가 왔네
아들 내외 손녀 손자 번갈아
새해 인사 하네

열 살 된 손자 전화 받더니
새해 인사도 하지 않고 퉁명스레
오늘이 바로 제 생일이라네

손자한테서 새해 인사는커녕
새해 사과를 하게 된 할아비

그래 그래 미안하구나
달력에는 동그라미 쳐놓고
깜빡했구나

손녀딸이 아가였을 때처럼

크리스마스 날이라고
식구들 따라온 손녀딸
춤추며 노래하네

학예회 때
합창단에서 배워 부른
노래와 춤이라네

다섯 살까지 한집에서 살다
이사 간 손녀딸이라 그런지
아가였을 때처럼 재롱부리네

어느새 내년 봄이면
중학교 입학한다는 손녀딸인데
아가였을 때처럼 재롱부리네

적적하던 할미 할아비
손녀딸 재롱에 손뼉 치며
모든 시름 날려버리네

국화풀빵

따끈따끈한
국화풀빵 한 봉지 사들고
큰 손녀딸 왔네

할아버지 써 모은 수필들
받침과 띄어쓰기 수정해준
어엿한 대학생

그냥와도 반가운데
할미 할아비 잡수라고
국화풀빵까지 사왔네

초등학교 입학식 날
어제 같은데 어느새
요조숙녀 되였지만

그래봤자 어쩌누
할미 할아비 눈에는
어린 애기로 보이니

손자 졸업식 날

내 무릎에서 아장거리던 아가가
내 등에 업혀 낚시터에 다니던 아이가
내 손에 손목 잡혀 길 건너던 아이가

어느새 오늘 졸업식 날이라네
어느새 고등학교를 졸업 한다네
어느새 대학생이 된다네

대학에 들어가면 또 언제 군대 나가나
대학 졸업하면 또 어디에 취직하나
할아비 혼자 걱정도 팔자

손녀딸과 자장면

한집 건너
파랑새 건물에 살고 있는
큰아들네 식구들 왔네
큰손자는 어느새 군인
손녀딸은 어느새 대학생

오늘은 손녀딸이
점심 산다 하네
아르바이트로 돈 벌었다고
자장면에다 탕수육

초등학교 입학식 날
자장면 사 준 게 어제 같은데
어느새 되돌려 받다니
하지만 빠른 세월 탓해 뭘 하나
오늘 이 시간 자장면 맛
이리도 대견한 걸

크리스마스 아침

오늘 같은 날
그 누군들 올 리 없건만
그래도 혹시나 대문 열어놓고 있는데

느닷없이 할머니 할아버지 부르며
현관문 열어 제치고 들어서는 큰손녀딸

새벽부터 일어나
할머니 할아버지 드리려고
초코 과자 만들다가 반은 태웠다며

다 큰 처녀 되었는데도
어릴 때처럼 어리광부리며 내밀어주는
손녀딸의 크리스마스 선물

텅 빈 집안에 웬 난데없는
아침 산골 샘물 소리인가 새 소리인가
활기 찾은 크리스마스 아침

큰손자 군대 가는 날

논산으로 떠난다는
손자 전화 받고는
손등으로 눈물 훔치는 아내

반 백여 년 전
대학 3년 연인시절 군대 갈 때
눈물 보이더니

아들 넷 다 군대 보낼 때도
어머니 되어 눈물 쏟더니

이젠 할머니 되어서도
큰손자 군대 간다니 눈물 보이네

여인들은 한동안 못 볼 그리움
미리 눈물로 달래는가 보다

뻐꾸기 시계

우리 집은 사시사철 봄날의 숲속
시계 속 뻐꾸기 얼굴 내밀어
뻐꾹 뻐꾹 울면

뻐꾸기 노래 날개 달아
고향 복사꽃 물어다
아가랑 잠든 할멈 꿈속으로

세월

함박꽃 한잎 두잎 떨어져 슬프게 보이지만
한해 피울 수 있었던 걸로 행복하답니다

모과나무 꼭대기 모과 한 알 고독해 보이지만
노랗게 끝까지 익힌 걸로 만족하답니다

거울 속 백발과 깊은 주름 허무해 보이지만
최선 다해 보낸 세월 후회 없답니다

제6부

나도 흘러가지요

내 나이 50대 후반
아내와도 함께 즐겼던
그리운 추억의 강변 낚시터

아침의 노래

어서 오세요
동산 머리 안개 속에서 솟아오른 해님이여
어서 오세요
과수와 곡식들 잠 깨워주는 바람이여
어서 오세요
멀찌감치 아침인사 보내주는 강물이여
어서 오세요
농막 둘러싼 산들이여

조반 들고 나온 우리 내외 손에도
벌써 낫이랑 호미가 들려있습니다
도심에서 벗어난 우리 내외
밤새 울던 소쩍새 고운 부리는 어떻게 생겼나
울기 시작하는 저 꾀꼬리 소리 어찌 저리 고울까
자연의 품 속에서 그저 마냥 궁금하답니다

그때 그 눈물

참회의 눈물
비 내리는 강물에 떨어져 흘러갔습니다
흘러가는 강물
눈물 방울 거들떠도 보지 않았습니다
오히려 정신 못 차린
자업자득의 파산 비웃었습니다
아직도 깨닫지 못함
꾸짖으며 높은 물결 쳤습니다

강물에 눈물 다 쏟고 나서야
강물의 뜻 깨달았습니다
모든 체면 다 버리고
힘든 작업장으로 들어갔습니다
땀 흘리며 바닥부터
다시 시작 근접지에 올랐습니다
깨달음 주시려 눈물 주셨음
지금도 깊이 감사합니다

늦은 보상報償

젊었던 그이가
저기 포장마차에서 소주를 마시고 있습니다
얼굴은 시커멓고 수심에 가득 차 있습니다
소주잔 계속 들이키며 중얼거립니다
이놈의 사장 그만두고 취직이나 할까

장년된 그이가
저기 포장마차에서 소주를 마시고 있습니다
얼굴은 주름투성이고 절망에 가득 차 있습니다
소주잔 연거푸 들이키며 중얼거립니다
이놈의 사장 그만두고 취직이나 할 걸 잘못했어

초로의 늙은이 된 그이가
공항으로 달리고 있습니다
젊어서부터 함께 일해 온
바이어를 마중하러 가는 길입니다
드넓은 갯벌을 내다보며
혼자 중얼거립니다
이제야 그간 고생한 아내에게 보상할 수 있게 되다니!

유문무답有問無答

남들은 주말마다
산으로 바다로 해외로 여행들 떠나는데
왜 당신 내외는 농장으로만 고집하나요

갈 때나 올 때나 보여주는
차창 밖 남한강 강줄기 이곳저곳 어려 있는
옛 낚시터 추억 때문인가요

농장에서 산새 소리 들으며 밭일하며
과수원 열매 익어가는 소리도 듣고
잠들 때 개구리 소리도 듣고 싶어서인가요

그렇지 않으면
당신 내외 힘들여 흘리는 땀 속에서
아무도 모를 값진 보석이라도 캐려는 건가요

남들이 물어 볼 때마다
그런 것도 같고 안 그런 것도 같아
대답 않고 웃어주기만 하지요

평범한 진리

봄날이면 보았네
시골 역전 옆산
그 산벚꽃나무를
하얀 꽃더미 소매 흔들어
자욱한 안개 강물로 날리며
화사한 모습 뽐내는 그 산벚꽃나무를

늦가을에도 보았네
시골 역전 옆산
그 산벚꽃나무를
여름내 무성했던 잎 다 지고
앙상한 알몸으로 슬픔에 울고 있는
그 산벚꽃나무를

하지만 나이 더 들어서야 알게 되었네
시골 역전 옆산
그 산벚꽃나무
알몸 되어 슬퍼하는 게 아니라
명년 봄 좀 더 많은 꽃 피우려
겨울잠에 들어있다는 평범한 진리를

마지막 남은 한 장 달력

마지막 남은
한 장 달력이 어쨌다는 거요

열한 장 달력 어느새
없어진 게 어쨌다는 거요

아직도 남은 한 달
초로 계산 해봐요 얼마나 긴 대요

하루밖에 못 사는
하루살이도 있잖아요

연말

흰 눈은 왜 기다려지는가
크리스마스 캐럴에 왜 마음 설레는가
흘러간 얼굴들은 왜 그리워지는가
앙상한 겨울나무들 왜 쳐다보이는가
부산한 거리 행인들 왜 새삼 내다보는가

나이 들어 초연해야 하거늘
왜 이리 마음 가다듬지 못할까

사진 (1)

나에게도
이런 젊은 모습 있었네

몇 개월 후면
쓰러질 회사 아는지 모르는지
웃고 있는 이 모습

학창시절 존경하던
처칠수상 열변 토하던
영국 의사당 배경으로

잿빛 하늘 꿰뚫고 서 있는
웅장한 이 건물 앞
붉은 카나리아 꽃밭에서

밀려오는 시련의 파고도 모르고
웃고 서 있는 그때 이 모습
어찌 이리 측은 할까

사진 (2)

긴 세월 흘렀건만 세월도 멈추어선
사진 속 두 연인

설악산 신흥사 만발한 벚꽃 아래
서 있는 두 연인

사랑에 빠진 그때 그 두 연인
벚꽃보다 더 아름다워라

반백 년 세월 흘렀건만 세월도 멈추어 선
사진 속 두 연인

우리 어렸을 때는

우리 어렸을 때 잠자리에 누우면
할머니에게 응석부리며
옛날이야기 해 달라 졸랐는데

호랑이 이야기 해주시면
무서워 이불 뒤집어쓰고
눈만 내밀고 들었는데

이젠 티브이 모바일 시대가 와서
할머니 옛날이야기
소용없게 되었네

요즘엔 울던 아가들
할머니가 달래면 계속 울어도
모바일 켜주면 웃는 세상 되었네

어쩌나! 우리네 할아버지 할머니
아주 먼 옛날부터 전해온 옛날이야기
전해 줄 손주들 다 잃었으니

설날

먼 옛날부터
조상님 이어 내려주시는 설날
얼마나 고마운 날인가

아이들 색동옷 입고 뛰놀고
젊은이들 서로 만나 정담 나누고
노인들 세배 받아 어른 대접 받고

조상 숭배 가족 화목
이웃사랑 나라사랑
온 국민 하나 되어 즐거운 날

먼 옛날 조상님들로부터
이어 내려주시는 설날
이 얼마나 고마운 날인가

동창 모임에서 돌아오는 길

동창 모임 끝내고
돌아오는 전철 안에서
아직도 웃음이 절로 나오네

이젠 나이들 많이 들어
머리는 백발과 얼굴에는 주름들 가득한데도
동창들 모임에서는
그 옛날 뛰놀던 별명 멍멍개니
너구리니 곰이니 부르며 치기부리네

오늘 모임에서도
그 옛날 천진한 동심으로 돌아가
별짓 다하며 낄낄 배꼽들 잡았네

집에서는 며느리 손주들 앞에서
어른 노릇 하느라 큰 기침 내며
늙은 아내 앞에서는 눈치나 보면서도
동창 모임에서 돌아오는 전철 안은 혼자인데도
아직도 웃음이 절로 나오네

어느 티브이에서의 눈물

어린 아들 주린 배 채워줄 길 없어
고아원에 데려가 알사탕 입에 넣어주면서
엄마 물 떠다 줄께 여기 꼭 있어라 하며
생이별하고 뒤돌아보며 흘리는 눈물
얼마나 엄마 가슴 아프면
저 눈물 피 빛인가요

고아원 뛰쳐나와 엄마 찾아 헤매다
빵 한 조각 훔쳐 먹다 주인에게 들켜
입안에 들었던 빵조각조차 빼앗기고 우는
저 엄마 잃고 배고파 우는 눈물
얼마나 아이 가슴 서러우면
저 눈물 굵은 빗방울인가요

그 아이 자라 이제 반백 나이에 성공해
어릴 적 배 고프던 시절 잊을 수 없어
마을 불우노인들에게 빵 나누어 주며 살 때
소문 듣고 찾아온 백발 노모 붙잡고 우는
저 반백의 효자 눈물 얼마나 장하기에
시청자들 눈물까지 쏟게 하나요

스승의 날

스승의 날에
모처럼 나의 스승님들 생각해 보네
초등학교 선생님
중 · 고등학교 선생님
대학교 교수님

아련히 꿈속엔 듯 떠올랐다 사라져가는 모습
불현듯 북받치는 죄송스러운 마음
나는 어쩌다 카네이션 꽃 달아드린 선생님
한 분도 안 계셨던가
그 여러 선생님
한 번도 만나 뵈올 수 없을 정도로
세상살이 그리도 모질었던가

이제 대부분 선생님들
이미 저세상으로 가셨고
몇몇 분만 팔구십 고령으로 계실 터이니
스승의 날 모처럼 기원이라도 드리자
돌아가신 스승님들에게는 명복 빌어드리고
살아계신 스승님들에게는 건강 빌어드리자

현충일

오늘은 현충일
추모의 사이렌 소리 요란히 울리자
하던 일 멈추고 혼자서 묵념 드리네

순국선열들이시여
오늘도 이 나라 이 강토 내려다 지켜보고 계신
호국영령들이시여

오늘도 우리 국민 모두
삶의 터전에서 이렇게 살아 숨 쉬고 있는 것은
오로지 순국선열님들의 하늘같으신 은덕

외적의 침략과 동족상잔의 전란 속에서
귀하신 목숨 바쳐 조국 지켜주신 그 은혜
삼가 명복을 비옵나이다

인재人災

서너 번의 태풍
요리조리 비켜가 주어
조리던 마음 가까스로 풀어주더니

이 웬 물벼락인가!
산사태 도로 유실 농경지 침수
사망 실종

매년 반복되는 예정된 순서
벗어나지 못하는
인재

인간이여
인간이여
하늘까지 미치게 하다니!

하루의 일과

빗방울아! 이 아침
그 어느 곳을 거쳐 이곳까지 와
창밖 내민 손바닥 적셔주느냐

어느 바다 어느 강 어느 개울
어느 들판 어느 구름에 머물다가
이 아침 나의 갈 길 망설이게 하느냐

하지만 빗방울아!
쉬게 해주려는 건 고맙지만
우산이라도 쓰고 나가야겠다

너의 먼 고행의 길처럼
나에게도 가야할 오늘 하루 일과가
밖에서 기다리고 있단다

여유餘裕

바다는
폭풍이 불면 화가 나
파도 일으켜 으르렁대지만

산아
여유로 치자면 너 만한 여유
또 그 어디 있겠느냐

산짐승들 산새들
시끄럽게 울든 말든
산바람에 나무들 울부짖든 말든

산골짜기 물들 사시사철
얼고 풀리고 소리 내
흐르든 말든

너는 개의치 않고
네 봉우리 감아 안은 구름하고만
무상의 대화 나누고 있는 산아

소중한 것

내가 내 자신을 소중하다 우겨대는 건
그만치 그대 소중함을 안다는 것이지요

그대여 이 세상 그 무엇도
혼자서는 살아갈 수 없는 것

삼라만상 모두가
더불어 서로 엉켜야 살 수 있는 것

내 자신 소중함 안다는 건 또한
이 세상 모든 거 소중함 안다는 것

그러니 그대여 내 자신 소중하다 해서
결코 그대 소홀히 여기는 건 아니지요

한로寒露

방금 지나간 한여름 동안엔
시원한 아침이슬로 온 들판
촉촉이 적셔 목축여주더니

오늘 한로 절기 늦가을 아침엔
찬 이슬로 온 들판 서늘케 하여
된서리 미리 경종해 주누나

입동立冬

상강 날 된서리 미리 보내
경고하더니

드디어 오늘 입동
제 차례 알고 얼굴 내미니

산천초목 땅 속으로 숨어
명년 봄 새싹에게 젖 물리며

어서 펑펑 내려 덮어줄
하얀 함박눈 이불 기다리네

생산공동화生産空洞化

기름때 묻은 작업복
더럽기는커녕 자랑스러웠지요

밤새며 작업해 선적하는 일
힘들기는커녕 큰 보람이었지요

기계 만지다 손발 다치면
무섭기는커녕 붕대 감고 일 마쳤지요

그런데 이 웬일인가요
더럽고 힘들고 무섭다고 외면들 하니

공장들 문 닫고 외국으로 옮겨가고
남은 공장들 외국인 일손으로 돌아가고

젊은이들이여! 선친들 이루어놓은
금자탑 허물지는 거 보고만 있을 건가

피눈물의 강물

폭 4킬로미터
길이 240킬로미터
갈라진 조국의 허리

길고 긴 세월
허리 잘려 흘린 피눈물
강물 되어 흐르지요

보이지는 않지만 양쪽에서
계속 묻어온 지뢰 밑엔
눈뜬 병사들의 주검 절규

그나마 그래도
산짐승 산새들 차마 못 떠나지요
꽃과 나무들 차마 못 떠나지요

갈라진 조국의 허리 가여워
차마 떠나지 못하고
아물 날만 손꼽아 기다리지요

승자와 패자

승자는 웃고
패자는 운다

승자는 민심 반쪽 갈라놓고 조금 이겼는데
무얼 그리 좋아 웃는가요

패자는 민심 반쪽 갈라놓고 조금 졌는데
무얼 그리 슬퍼 우는가요

그대들의 책임
국민들 두고두고 지켜 볼 거 아시나요

존댓말

졸업 후 처음 만나 뵈옵는
고교시절 은사님보다도

칠십으로 올라서는 동창들
더 늙어 보이네

팔순으로 올라가는 은사님도
백발에 주름진 제자들 보시며

엄하시던 옛 모습 온데간데 없고
존댓말로 어물대시네

컴퓨터와 모바일

컴퓨터와 모바일
인류 최고의 발명품이라
모두들 찬탄들 하지만

인격 갖춘
존경받는 선생님은
결코 아니지요

사랑하는 마음 가르쳐주어야
이 지구상 사랑하는 마음
이어갈 수 있지요

과학자들이여
그런 컴퓨터와 모바일
발명하실 수는 없는가요

끈 달린 연처럼 (1)

하도 험한 산길이라 옛날 옛적부터
새색시들 시집 가고 오실 때 꽃가마 안에서
농 다칠라 걱정들 해 그 이름 농다치고개

호랑이 길목이었다는 그 험한 고개 넘어서면
동그란 하늘 아래 동그랗게 둘러싼 산들 중
북녘 중미산 아래 산자락 끝

한두 채씩 뜨문뜨문 하늘과 가까운 마을
미루나무 세 그루 가늠해 내려다보면
가물가물 눈앞으로 다가오는 고향집

고향이여 그리운 고향이여
왜 끈 달린 연처럼 내 마음 깊은 하늘에 걸려
이 나이 되도록 떠날 줄 모르나요

끈 달린 연처럼 (2)

중풍으로 아랫목에 누워
어린 증손녀 부르시던 증조할머님
마당에서 뛰노는
어린 손자 바라보시던 흰머리의 할아버님
잡아오신 멧돼지 마당에 놓고
떠드시던 마을 어르신들

빨간꽃 수술 달린 꽃버선 신겨
아랫집 당숙댁 내려가시어
마루 위 신부
빨간 연지곤지 보여주신 젊으셨던 어머니
디딜방앗간에서
방아 찧으시다 손 다쳐 난리 났던 당숙모

고향이여 그리운 고향이여
왜 끈 달린 연처럼 내 마음 깊은 하늘에 걸려
이 나이 되도록 떠날 줄 모르나요

끈 달린 연처럼 (3)

열세 살 아이 육이오전쟁 당해 피난살이 하던 그곳
허연 수염의 당숙할아버님 아버지 숨겨 주시어
중미산 오르는 길목 새매기고개 다래넝쿨 속에
나무꾼인 양 지게로 아버지 음식 져다드릴 때

아버지는 흩어진 식구들 그리워 풀피리 부셨고
아이에게 친구라고는 오로지 검둥이 한 마리
새벽마다 범바위골로 알밤 주우러 갈 때면
검둥이는 범바위 올라 컹컹 짖어주던 그곳

고향이여
그리운 고향이여
왜 끈 달린 연처럼 내 마음 깊은 하늘에 걸려
이 나이 되도록 떠날 줄 모르나요

끈 달린 연처럼 (4)

십년이면 강산도 변한다고 이 나이 들고 보니
함께 벌초 가시던 집안 어른들 다 돌아가시고
윗대 조상님들도 농다치고개 너머로 이장 모셔
이제는 모든 걸 잃어버린 고향

농다치고개 또한 4차선 도로로 변했고
순박하던 고향사람들 땅 팔아 다들 이사 갔고
웬 낯선 서구식 별장들만 옛 집터마다 들어서
찾는 옛 고향사람들 철문으로 막아버린 그곳

고향이여
그리운 고향이여
왜 끈 달린 연처럼 내 마음 깊은 하늘에 걸려
이 나이 되도록 떠날 줄 모르나요

추억의 강변집 (1)

그만두셨던 농사일
칠순 연세 가까울 때
다시 시작해보셨지요
콩 심으시며
콩 터시며 기뻐하셨지요

고추 심으시며
고추 따시며 즐거워 하셨지요
도심 속에서 일에 짓눌려 살던
이 아들 며느리에게도
농사일 가르쳐 주셨지요

뻐꾸기 꾀꼬리 울면
저건 꾀꼬리 저건 뻐꾸기
산새들 이름도 가르쳐 주셨지요
젊으실 적 농사짓던
고향 이야기도 들려주시며
가르쳐주신 우리 아버지 어머니

추억의 강변집 (2)

강변집은
처음으로 농사의 즐거움과
땀의 단맛 알게 해 주었지요

강변집은
처음으로 산새 소리의 깊이와
숲속의 비밀 알게 해 주었지요

강변집은
내일의 더 큰 비상을 위한
휴식과 여유로움 마련해주었지요

강변집은
자연과 내 몸이 하나라는
우주의 섭리 가르쳐 주었지요

추억의 강변집 (3)

강변집 봉당
별들이 내려다보고 있습니다
달님도 내려다보고 있습니다

강변집 봉당
아버님이 내려다보고 계십니다
어머님이 내려다보고 계십니다

강변집 봉당
뒷산 소쩍새소리가 찾아듭니다
이야기들 가득 피어오릅니다

강변집 봉당
문지기 복사나무가 지켜줍니다
대추나무는 대추알 안주 늘어트립니다

추억의 강변집 (4)

강변집 앞 강물
내 젊음 실고 흘러갔어요
술잔 들며 부른 노래도 싣고 흘러갔어요

수초 속 빨간 낚시찌들도
뒷산의 맑은 꾀꼬리 소리도
얼어붙은 강가의 물오리 소리도

강 건너 여울목 이무기 전설도
뒷산 바위에서 촛불 기도하던 스님도
칡넝쿨 도깨비집도 모두 싣고 흘러갔어요

하지만 남긴 것도 하나 있지요
강변집터에 자리 잡은
저 넓은 4차선 국도

추억의 강변집 (5)

새벽 안개 속에서
빼꾸기 잠 깨우지요
빨리 낚시터로 가라고요

낚시터 도착하면
수초들 살랑이지요
빨리 낚싯줄 던지라고요

하지만 빨간 찌 수초 속에 던져놓으면
눈길은 다른 데로 가지요

그곳은 바로 눈앞 펼쳐지는
산 능선 따라 농다치고개 너머
추억의 고향이지요

추억의 강변집 (6)

강변집 뒤 철길 건너
또 상수리 숲지나
산등성이 오르다
잠시 쉬려 앉은
바위 옆에 핀
도라지꽃 한 송이

밤새 별이 내려준 이슬 머금고
기다려준 도라지꽃

아하! 너의 기다림도 모르고
강물만 내려다보러 왔구나
미안하다 도라지꽃아

추억의 강변집 (7)

봉당 안 대추나무
빨갛게 익어가는 대추알들 힘에 버거워
빨리들 와주기 기다립니다

담 너머 반짝이며
흘러가는 강물 내려다보며
이제 제 할 일 다 했으니 어서들 와
몸 좀 가볍게 해 달라 기다립니다

허전한 돌 식탁과 의자들 내려다보며
어서들 내려와
빨간 대추 안주로 술잔 나누며
흘러가는 강물에
노래도 띄워 달라 기다립니다

추억의 강변집 (8)

눈이 내리네
함박눈 펑펑 내려
온 산과들 하얗게 덮어 가는데

강변집 앞강물
청둥오리가족
야단들 났네

열 지어 물 속으로 번갈아 잠수하며
강물 속 빠진 함박눈 건지려
꿱꿱 소리 지르며 야단이 났네

추억의 강변집 (9)

바위여
울안의 바위여
내 강변집 울 안의 바위여

그대 나이 몇 억만 년인가가 무슨 상관인가
이처럼 친구 되어
술잔 나누는데

그대 마음 하늘보다 높은 게 무슨 상관인가
이처럼 정답게 서로서로
어루만져주는데

그대 몸 속 우주의 신비 궁금할 게 무엇인가
이처럼 서로 맘 통하고 서로서로
말 나누는데

바위여
우리의 인연 묵언으로 엮어두고
자! 또 한 잔 받으시오 보은의 술잔을

추억의 강변집 (10)

봄날 연분홍 복사꽃도 예뻤지만
여름날 발그레 익은 복사 뺨
새색시 두 뺨처럼 고왔다네

봄날 뒷산 새소리도 고왔지만
여름날 서쪽으로 흘러가는 강물
새색시 옥색 치마폭처럼 고왔다네

추억의 강변집 (11)

뒤꼍 그늘진 샘터 옆 오지 술독 둘
술 뜨러 오지독 앞에 서면

매실주 오지독은
아이 셔! 얼굴 찡그려 보이며
칡술 마시라 건너편 술독 가리키고

칡술 오지독은
아이 써! 얼굴 찡그려 보이며
매실주 마시라 건너편 술독 가리키고

술 뜨러 갈 때마다
이 술 마실까 저 술 마실까 망설임 주던
강변집 뒤꼍 그 오지 술독 둘

시인으로 살기 위한 첫사랑 같은 삶을 담은 꾸러미

—문종환 시집 ≪방황의 노래≫

박성배
(계간문예작가회 회장)

1.

문종환 시인의 시집 서문에서 다음과 같은 글을 본다.

> 시들에 대해 미안한 생각과 측은한 마음으로 읽어보기 시작했다. 그리고 그 시들도 내가 이미 출판한 다른 시들처럼 별로 잘나지도 못나지도 않은 나를 닮은 그런 얼굴들이었다. 그리하여 작년 1월 1일부터 선정, 편집, 수정작업에 돌입하여 드디어 제4시집 273편, 제5시집 268편, 제6시집 276편으로 나누어 마무리 짓게 된 것이다.

문종환 시인은 2006년 6월에 첫 시집을 내고 11년이 지난 2017년 8월에 2,3시집을 한꺼번에 내더니 2019년 들어 무려 817편의 시를 세 권의 시집에 나눠 내게 되었다. 문종환 시인은 그동안 써 두었던 시들을 꺼내 읽어보면서 시집으로 낼 것인지 아닌지를 고민했던 것 같다. 그런데 그 대답은 시인이 아니라 시詩들이 했다. 시詩들은 시인에게 '미안한 생각과 측은한 마음'이 들게 했던 것이다. 드디어 세 권의 시집을 내기로 결심하고 원고를 들고 출판사를 찾아 대화를 하는 중에 나는 이런 말을 하며 웃었다.

"하마터면 시가 낙태될 뻔했네요."

문종환 시인의 시는 시인의 삶과 밀착되어 있다. 어떻게 보면 시로 쓴 전기문이요 일기이며 스냅사진 모음집이라 할 만큼 시인의 세세한 생활 모습과 가족사까지 담겨 있다. 시를 읽다 보면 마치 시인의 '생각'이 퐁퐁 솟는 뇌 어디쯤에 있을 옹달샘에 앉아 있는 기분이다.

시 273편이 실린 제 4시집 ≪방황彷徨의 노래≫ 서문에서 시인은 "그간 그리도 모질게도 긴 방황과 좌절의 고통을 주어 원망스럽기만 하던 나의 시의 여신에게 이제는 마음속 깊이 고마움까지 느끼게 된 것이다. 나의 이 4시집 ≪방황彷徨의 노래≫를 나의 건강을 걱정해준 아내와 자식들에게 주고자한다."고 특별하게 밝혔다. 지구촌을 오가며 사업을 하던 시인이 학창시절에 빠져들었던 시에 고향을 찾아들 듯 몰입하면서 마치 열병을 앓듯 시를 짝사랑하였고, 가족들은 그런 시인의 건강이 걱정되었던 것이다. 이제 시인은 폭풍과 같은 시의 열정과 방황과 좌절의 결과로 얻어진 시집을 가족들에게 내밀며 위로할 수 있는 여유가 생긴 것이다. 그 여유로움을 그의 서시에서 읽을 수 있다.

하늘 바람 구름 노을만 흘러가나요/나도 흘러가지요

나무 산새 호수 만 흘러가나요/나도 흘러가지요
장미꽃 나팔꽃 국화꽃만 흘러가나요/나도 흘러가지요
이 세상 흘러가지 않는 게 어디 있나요/나도 들숨날숨으로 흘러가지요

〈서시序詩–나도 흘러가지요〉 전문

이 시를 읽노라면 마치 폭풍이 분 다음 날 아침, 햇살에 웃고 있는 들꽃이 떠오른다. 시를 통해 대단한 것이라도 붙잡으려고 했는데 이제 보니 시와 함께 동행 하는 자신을 발견한 것이다. 이미 '방황彷徨'을 끝낸 경지에서 돌이켜보니 나에게 방황의 고된 날들이 있었고, 그 고된 날들이 시를 찾아가는 행복한 날이었음을 고백한다. 즉'방황의 노래'는'방황' 자체가 아니라 방황을 끝낸 시인의 커다란 깨달음을 노래한 것이다. 사랑하는 연인의 마음을 얻기 위해 고뇌하고 방황한 사람이 후에 그 시절이 고통스러웠다고 말할 사람이 있겠는가? 문종환 시인은 ≪방황彷徨의 노래≫에서 시詩를 향한 열정으로 살았던 날들을 회상하면서 첫사랑의 열병처럼 참 행복한 날이었음을 고백한 것이다.

2.

문종환 시인의 대부분의 시들은 워즈워스(W. WordsWorth)가 말한 '강한 감정의 자연스런 방출'이라는 면이 강하다. 현대 시 쓰기에서 이런 낭만주의 경향을 우려하는 것은 사실이지만 문종환 시인의 방대한 시들을 읽다 보면 시의 어떤 경향이나 주의는 파도에 휩쓸리는 한 갓 나뭇잎에 불과하다. 그의 많은 시들은 누가 뭐라든지 나는 나의

감정에 충실하여 표현하고 싶은 욕망을 누를 수 없다는 시인의 강변을 품고 있다. 이러하니 한 편의 시가 이런 점에서 좋다거나 저런 점에서 잘못됐다는 평가가 무의미해진다. 단지 날마다 쓸 정도로 쏟아져 나오는 시인의 습관화 된 시 감정에 빠져들어 우리가 미처 몰랐던 예기치 않은 즐거움을 맛보게 된다.

제 4시집 ≪방황彷徨의 노래≫에 실린 시들은 6권의 시집에 실린 시들과는 조금 다른 시세계를 보여주고 있다. 먼저 부쩍 많아진 연작시이다. 서시를 포함하여 273편의 시 중에서 '방황의 노래'가 12편, '사랑으로의 여행'이 18편, '추억의 강변집'이 11편 등 스무 개의 제목에 모두 106편이 연작시가 있다. 연작시는 하나의 시적 대상을 깊이 관찰하는 과정에서 얻어진 복수의 이미지를 각각 표현하고자 할 때 유용하다. 시인의 주 언어가 하나의 시에 중복되지 않게 하기 위한 전력이기도 하다. 문종환 시인은 연작시에서 그의 여타 시들과는 달리 시를 형상화하기 위하여 이미지와 은유와 상징을 많이 활용하였다.

이 중 '방황의 노래' 12편은 문종환 시인이 시를 쓰고 싶어 얼마나 고심했는지를 토로하는 노래들이다.

> 아직도 /임에게로 가는 길조차 발견 못하고 /오늘도 임 그리며 방황하고 있습니다//
>
> 지나온 /나의 인생주름 속에 접혀있는 꽃잎 속으로/바람처럼 스쳐간 강과 산 그리고 바다로//
>
> 나를 둘러싼 저 우주와 하늘 그리고 달과 별/부모자식들과 친척과 이웃과의 삶의 현장 /오늘도 임 그리며 찾아 헤매고 있습니다
>
> ―〈방황의 노래 1〉 중에서

고교시절 좋아하던 그대 떨쳐버리고/환갑나이 되어서야 찾아왔다 해서/그대 모습 숨겨 보여주기조차 않는가요//

긴 세월 사업한답시고/쓰러졌다 일어났다 울다 웃다하다가/이제야 찾아온 내가 그리도 야속한가요

—〈방황의 노래 2〉 중에서

임이시여/임은 도대체 어디에 계십니까 /
임의 모습은 보이지 않는 다른 세상에 계신 것이옵니까/
임의 소리는 들을 수 없는 다른 세상에 계신 것이옵니까/
임의 향기는 맡을 수없는 다른 세상에 계신 것이옵니까//

—〈방황의 노래 5〉 중에서

이렇듯 시인의 방황은 늦게 찾아온 시에 대한 열망에서 비롯된다. 문종환 시인이 시를 쓰기 위하여 얼마나 고심하고 전력을 다 했는가를 짐작할 수 있는 고백이다. 문종환 시인은 임詩을 찾아 열정적으로 구도자求道者처럼 순례하였다. '임에게로 가는 길조차 발견 못하고', '임은 도대체 어디 계십니까' 하고 절규한다. 그런데 그 절규가 절망적인 비탄이 아니라 달콤한 첫사랑의 고백으로 들린다. '임'으로 대치된 '시'를 향한 남다른 순애보殉愛譜이다.

문종환 시인은 이런 방황 중에서 임詩의 목소리를 듣는다. 시인이 시를 어떻게 얻어야 하는지에 대한 깨달음이다.

눈 뜨지만 말고 열라하심은 꽃 속으로 들어가라는 말씀인가요/
귀 듣지만 말고 열라 하심은 새소리 속 뜻 알아내란 말씀인가요/

마음 집착 말고 열라하심은 지혜구함 고통 감수하란 말씀인가요/

―〈방황의 노래 3〉 중에서

모든 욕심과 집착 버리니/이제야 임 들어설 빈자리/
조금은 생기겠다고 말해줍니다

―〈방황의 노래 11〉 중에서

이제야 깨달았습니다 /그 긴 세월 찾아 헤매던 그대 모습/
달님처럼 바로 내 맘속에 있었다는 걸//
가득 메운 욕심들에 가려 안 보였을 뿐/찾아 헤매던 그대 참모습 내 맘속 구석/아로새겨져 있었다는 걸

―〈방황의 노래 12〉 중에서

그렇게 방황하며 찾아다니던 임詩이 실은 내 안에 있었는데 욕심 때문에 보지 못했다는 걸 깨달은 것이다. 그 '욕심'이란 살기 위해 더 가져보려는 욕심이나 명예욕 등도 있겠지만 그 보다는 시를 잘 써 보려는 시 창작에 대한 욕심이었음을 고백하고 있다. 육신의 눈을 뜨는 것만으로는 부족하니, 열고 꽃 속으로 들어가야 한다는 임詩의 음성을 들은 것이다.

3.

제 4 시집에서 달라진 또 다른 특징은 이미지와 은유, 상상의 날개를 단 점이다. 시를 찾기 위한 방황을 끝낸 문종환 시인은 자기 안에

있는 임詩을 만난 기쁨과 사랑을 노래한다. 바로 연작시로 노래한 '임의 노래에는' 6편과 '사랑으로의 여행' 18편의 시이다.

> 임의 노래에는
> 겉 향기와 속 다른 그런 언어는
> 단연코 무서운 눈빛으로
> 거부하십니다
>
> ―〈임의 노래에는 2〉 중에서

> 아가의 웃음소리는 임의 노래에 밝은 달을 띄워주지요
> 아가의 웃음소리는 임의 노래에 환희의 꽃 피워주지요
> 아가의 웃음소리는 임의 노래에 오색무지개 실려주지요
>
> ―〈임의 노래에는 4〉 중에서

문종환 시인은 겉과 속이 다른 언어는 임詩의 노래가 아니라고 확신한다. 그의 시 어디에서도 겉과 속이 다른 점이 없다. 그건 바로 문종환 시인의 삶의 모습이기도 하다. 아가의 웃음소리로 표현된 시인의 순박한 마음에서 임詩은 밝게 빛나고 환희의 꽃이 피고 오색무지개로 수놓아 진다.

이어서 반황을 끝낸 시인은 사랑하는 임詩과 달콤한 여행을 떠난다.

> 사랑이여 아름다운 사랑이여
> 그대는 다정한 미소를 타고 오십니다
> 촉촉한 눈빛으로 바라보는 아내의 잔잔한 미소를 타고오십니다
>
> ―〈사랑으로의 여행 3〉 중에서

산 너머 구름 밀며 갈대숲 스치는 바람소리에서입니까
들녘 덤불에 하얗게 떨어지는 찔레꽃 소리에서입니까
잔잔한 호수에서 반짝이는 잔물결소리에서입니까
—〈사랑으로의 여행 5〉 중에서

이처럼 문종환 시인은 미소, 특히 아내의 잔잔한 미소에서 사랑하는 시를 만난다. 갈대숲 스치는 바람소리와 찔레꽃 소리, 잔물결 소리 등 자연의 소리에서 시를 만난다. 오랜 기간 아내와 함께 1시간 반 가까이 소요되는 농막을 다니며 농사를 하는 일상과 무관하지 않다.

사랑이여 그대는
들리는 소리에서가 아니라
들리지 않는 피안에서의 소리에서 비롯된 것이옵니까
—〈사랑으로의 여행 5〉 중에서

사랑이여 그대의 향기는
저 들판과 산자락에 피어난 노란 황국물결에서인가요
저 드넓은 밭의 장미꽃송이로부터의 향기에서인가요
저 산속 우거진 나무들 뿜어내는 향기에서인가요
옛 조상님 남겨주신 일필휘지의 묵향에서인가요
—〈사랑으로의 여행 7〉 중에서

뿐만 아니라 과학적이거나 생태적이 아닌 시인의 마음으로 들리는 소리에서 시를 만나고 황국과 장미와 나무와 묵향에서 시의 향기를 맡는다.

사랑이여 언어가 없다면
그대의 아름다움을 어찌 표현할 수 있겠나요

들어 보이신 꽃송이를 보시고도 이심전심으로 깨달으신
저 가섭존자처럼 마음의 빛으로 나타내실 건가요

아가들 몸짓만보아도 배고픈 걸아시고 젖 물려주시는
저 엄마들처럼 모성애의 눈빛으로 나타내실건가요

―〈사랑으로의 여행 9〉 중에서

사랑이여
그대의 손길은 너무나 따스합니다
그대의 감촉은 너무나 황홀합니다

―〈사랑으로의 여행 11〉 중에서

사랑이여
그대는 때로는 사랑의 회초리도 드십니다

철부지 인간들에게 고통도 주고 극복케 하시여
새로운 깨달음의 세계를 주십니다

―〈사랑으로의 여행 14〉 중에서

이상 예를 든 시에서 사랑하는 시는 미소와 소리와 향기와 언어와 눈빛과 손길, 그리고 깨달음을 주는 회초리 등 다양한 감각언어로 묘사하고 있다. 문종환 시인이 삶을 노래하던 다른 시들과는 격이 다른, 하이데거(M.Heidegger)가 말한 이미지, 은유, 상징을 통해 시인의 진실 즉 시가 어디에서 나오는지에 대한 과학적이고 상식적인 이야기가 아닌 총체적 진실을 토로하고 있다.

4.

문종환 시인의 제4시집의 시에 쓰인 특정 시어 중에 '구슬꾸러미'가 있다.

아! 그 순간
마음속 호수에 달이 떠올랐습니다
찾아 헤매던 구슬꾸러미 달무리에 걸려
잔잔한 미소 보내주고 있습니다

—〈구슬꾸러미〉 중에서

'구슬꾸러미'라는 제목으로 쓴 시가 있고, 다른 제목의 시에서도 이 시어가 사용 된다. 여기에서 문종환 시인이 시를 보는 남다른 성향을 짐작할 수 있다. 문종환 시인은 시인이 좋은 시를 쓰기 위하여 한 편의 시 창작에 고심하는 차원을 넘어 시인이 보는 모든 세계를 시로 노래하지 않고는 못 베기는 사람이라는 것을 말하고 있다. 그래서 그가 보는 시는 혼자 반짝이는 진주가 아니라 '구슬꾸러미'다. 솔직히 시인 중에는 시는 좋은데 '과연 저 시를 쓴 사람인가?' 하는 의구심이 드는 삶을 사는 시인도 있다. 시와 사람이 따로 노는 경우이다. 그러나 시를 '구슬꾸러미'로 보는 시인이라면 시와 시인의 삶이 다를 수 없다. 한

편의 시가 아니라 '구슬꾸러미' 같은 그 시인의 모든 시를 통해 진실을 말하고 있기 때문이다.

또 하나의 두드러진 시어는 '사랑'이다. 연작시 '사랑으로의 여행' 18편에 '사랑'이라는 낱말이 무려 56번이나 사용되었다. 문종환 시인의 시를 향한 사랑의 강도를 느낄 수 있다.

인간이 인간을 사랑하고
인간이 자연을 사랑하고
자연이 인간을 사랑하고
자연이 자연을 사랑하고

—〈사랑으로의 여행 1〉 중에서

문종환 시인의 '사랑'은 우주 안에 자연스럽게 존재한다. 편을 가르는 선별적인 사랑이 아니다. 그의 사랑의 궁극적인 대상은 바로 시詩이기 때문이다.

또 하나 특별한 시어는 '어린이'이다. 5부에서는 '어린이보다 더 착한 어른 계시면'이라는 주제로 34편의 시를 실었다. 어느 노 스님이 법문 자리에서 어린이보다 더 착한 어른 계시면 손들라 하니 아무도 손드는 사람이 없었다는 경험에서 얻은 시를 제시하면서 어린이 같은 어른이 되어야 한다고 노래한다. 성경에도 '어린아이와 같지 아니하면 천국에 들어갈 수 없다'고 했다. 이 때의 어린이는 아직 힘이 약하고 작은 아이라는 의미가 아니라 가장 순수하고 곧은 마음을 가진 사람이라는 뜻이다.

아가는 잠들어있습니다
아가의 잠든 얼굴 들여다봅니다
할아비는 아가가 부러워졌습니다

—〈아가는 부처님〉 중에서

문종환 시인은 사람의 성장을 '어린이—소년—청장년—노인'에서 그 다음 단계가 또'어린이'임을 깨달은 것이다. 이렇게 어른이 어린이가 되어야 한다는 것을 깨닫게 되면 어린이를 사랑하게 된다.

아니 글쎄
고놈이 글쎄
유치원 다니는 고놈이 글쎄

남자대표로 나가서
영어로 연설을
했다네 글쎄

하도 기특해서 이 할아비
고놈 좋아하는 팽이하나
사 줬다네 글쎄

—〈아니 글쎄〉 전문

이 시는 한 편의 동시이다. 손자를 기특해 하는 할아버지의 사랑이 '글쎄'라는 낱말로 압축되어 있다.

5.

내가 시를 잘 알아서 시를 논할 처지는 아니다. 그러나 시를 평하는 차원이 아니라 시인을 옆에서 보아온 지인으로 사람(시인)과 삶을 어느 정도 알고 그의 시를 애정을 갖고 감상할 수 있다는 장점을 살려 글을 썼다.

문종환 시인은 6부에 '나도 흘러가지요'라는 주제를 달았다. '이 세상 흘러가지 않는 게 어디 있나요'라고 노래한 서시의 노랫말이 시냇물처럼 흐르고 있다. 어른이 어린이가 되어야 한다는 것을 깨닫게 될 때 제일 먼저 나타나는 반응이 '내려놓는 일'이다. 문종환 시인은 그 내려놓음을 '흘러가지요'로 표현하고 있다. 힘이 넘쳐서 아등바등 붙잡고 거스르고 저항하던 모습이 자연스럽게 흘러가는 것만 못하다는 것을 깨달은 경지에 이른 것이다.

문종환 시인의 제 4시집 ≪방황彷徨의 노래≫는 시인이 시인으로 살기 위한 첫사랑 같은 삶을 담은 꾸러미이다.

계간문예시인선_147

문종환 제4시집 **방황의 노래**

초판 인쇄 | 2019년 12월 10일
초판 발행 | 2019년 12월 20일

지 은 이 | 문종환
회 장 | 서정환
발 행 인 | 정종명
편집주간 | 차윤옥

펴낸곳 | **계간문예**
편집부 | 03132 서울 종로구 삼일대로 30길 21 종로오피스텔 1209호
주 소 | 03132 서울 종로구 삼일대로 32길 36 운현신화타워 305호
전 화 | 02)3675-5633, 070-8806-4052
팩 스 | 02)766-4052
이메일 | munin5633@naver.com, sina321@hanmail.net
등 록 | 2005년 3월 9일, 제 300-2005-34호

ISBN 978-89-6554-210-0 04810
ISBN 978-89-6554-118-9 (세트)

값 50,000원

잘못 만들어진 책은 바꾸어 드립니다

이 도서의 국립중앙도서관 출판예정도서목록(CIP)은 서지정보유통지원시스템 홈페이지(http://seoji.nl.go.kr)와 국가자료공동목록시스템(http://www.nl.go.kr/kolisnet)에서 이용하실 수 있습니다.(CIP제어번호: CIP2019048911)